D1822644

यार जुलाहे...

यार जुलाहे...

गुलज़ार

सम्पादक

यतीन्द्र मिश्र

वाणी प्रकाशन

प्रकाशन के उत्कृष्टतम 60 वर्ष

vaniprakashan.com

पहला संस्करण : 2009
दूसरा संस्करण : 2010
तीसरा संस्करण : 2015
चौथा संस्करण : 2017
पाँचवाँ संस्करण : 2020
छठा संस्करण : 2024

वाणी प्रकाशन

4695, 21-ए, दरियागंज, नयी दिल्ली-110 002

फ़ोन : +91 11 23273167, 23275710

शाखाएँ

अशोक राजपथ, पटना-800 004, बिहार

कॉफ़ी हाउस कैम्पस, महात्मा गांधी मार्ग, इलाहाबाद-211 001, उत्तर प्रदेश

महात्मा गांधी अन्तरराष्ट्रीय हिन्दी विश्वविद्यालय, वर्धा-442 001, महाराष्ट्र

36/ए, शेक्सपियर सरणी, रानी बिरला गर्ल्स कॉलेज के पास, कोलकाता-700 017, प. बंगाल

sales@vaniprakashan.in
vaniprakashan@gmail.com

YAAR JULAHE...
poems by Gulzar
edited by Yatindra Mishra

ISBN : 978-93-5229-178-6
Poems/Ghazals

© गुलज़ार

इस पुस्तक के किसी भी अंश को किसी भी माध्यम में उपयोग करने के लिए प्रकाशक से लिखित अनुमति लेना अनिवार्य है।

आर. टेक ऑफ़सेट प्रिंटर्स, दिल्ली-110 032 में मुद्रित

वाणी प्रकाशन का लोगो मक़बूल फ़िदा हुसेन की कूची से

हिन्दुस्तानी ज़ुबान के नाम...

-गुलज़ार

अनुक्रम

ग़ज़लें

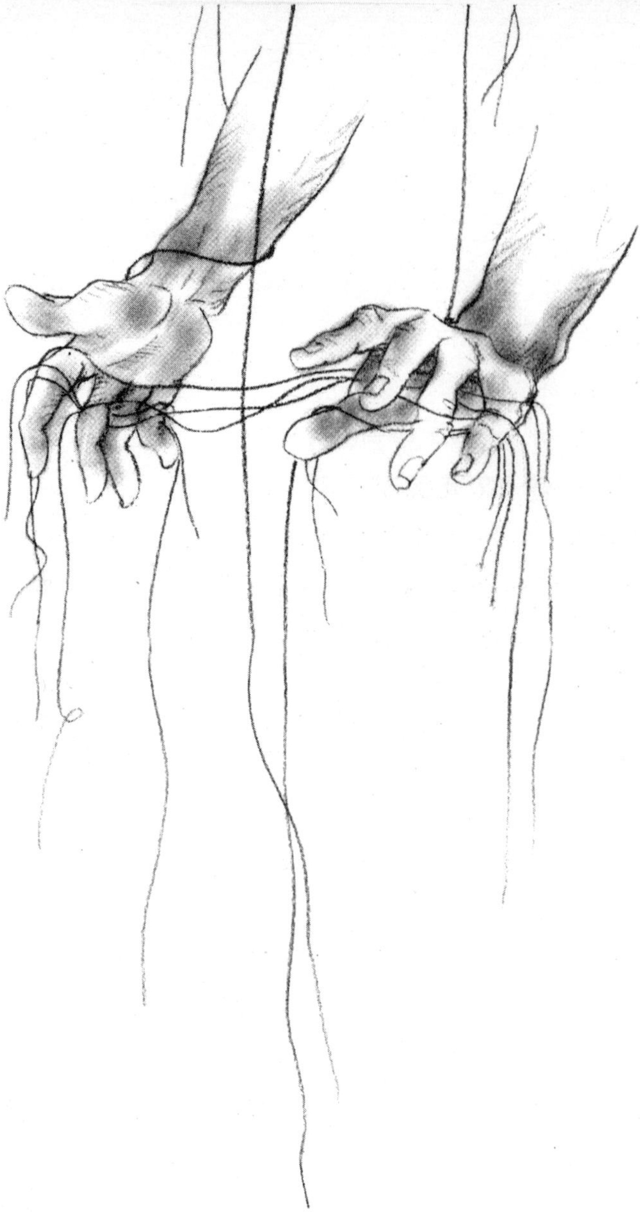

कितना अरसा हुआ कोई उम्मीद जलाये

आओ फिर नज़्म कहें
फिर किसी दर्द को सहला के सुजा लें आँखें
फिर किसी दुखती हुई रग से छुआ दें नश्तर
या किसी भूली हुई राह पे मुड़ कर इक बार
नाम ले कर किसी हमनाम को आवाज़ ही दे लें

उर्दू और हिन्दी की दहलीज़ पर खड़े हुए शायर और गीतकार गुलज़ार का तआरुफ़ ही यही है कि वे अपनी शायरी और नज़्मों को थोड़ा हिचकते हुए हिन्दी में 'संग्रह-निकालना' कहते हैं। मसला यह कि उर्दू और हिन्दी के दोआबे में हिन्दुस्तानी अल्फ़ाज़ में पकने वाली उनकी कविता की फ़सल दरअसल हिन्दी में उतना ही संग्रह है, जितना कि वह उर्दू में नज़्मों की किताब। ऐसे में उनकी कविता, जो हिन्दी की ज़मीन से निकल कर दूर आसमान तक उर्दू की पतंग बन कर उड़ती है; उसका एक चुनिन्दा पाठ तैयार करना अपने आप में बेहद दिलचस्प और प्रासंगिक है। इस चयन की उपयोगिता तब और बढ़ जाती है, जब हम इस बात से रू-ब-रू होते हैं कि पिछले लगभग पचास बरसों में फैली हुई इस शायर की रचनात्मकता में दुनिया भर के रंग, तमाशे, जज़्बात और अफ़साने मिले हुए हैं। गुलज़ार की शायरी की यही पुख़्ता ज़मीन है, जिसका ख़ाका कुछ पेंटिंग्ज़, कुछ पोर्ट्रेट, कुछ लैंडस्केप्स और कुछ स्केचेज़ से अपना चेहरा गढ़ता है।

'यार जुलाहे,' इस अर्थ में उनकी पिछले पाँच दशकों में फैली हुई कविता की स्याही से निकला हुआ ऐसा आत्मीय पाठ है, जिसे मैंने उनके ढेरों प्रकाशित संग्रहों में से अपनी पसन्द की कुछ कविताओं, शेरों, गीतों और ग़ज़लों की शक्ल में चुना है। इस संग्रह को तैयार करने में मेरी पसन्द और मर्ज़ी का जितना हिस्सा शामिल है, उतने ही अनुपात में, इसमें गुलज़ार के शायर किरदार की कैफ़ियत, उनके जज़्बात और निजी लम्हों की रूहें क़ैद हैं। यह संग्रह या इसे इस तरह कहें कि हिन्दुस्तानी ज़ुबान में कुल एक सौ दस नज़्मों का यह दीवान जब आपकी ख़िदमत में पेश है, तब उसको बनाने, उसको सँजोने की प्रक्रिया तथा गुलज़ार के कवि-व्यक्तित्व और उन दबावों-ऊहापोहों को तफ़सील से बयाँ करना भी यहाँ बेहद ज़रूरी है, जो ऐसे अप्रतिम शायर की ख़ानकाह से निकल कर हमें हासिल हुआ है।

गुलज़ार की कविता की यह उपलब्धि हमारे लिए इसलिए भी महत्वपूर्ण है, क्योंकि वे शायर के लिबास में एक फ़िल्मकार हैं और एक संजीदा फ़िल्म निर्देशक के रूप में उनकी शिनाख़्त एक मँजे हुए गम्भीर कहानीकार के रूप में भी होती है। कहने का मतलब यह है कि उनके जैसे फ़नकार को अपनी कलाभिव्यक्ति के लिए ढेरों रचनात्मक माध्यमों को चुनना पड़ा है। एक फ़िल्म बनाते हुए वे आसानी से किसी ग़ज़ल की मनोभूमि में टहलते हुए पाये जा सकते हैं या फिर एक कहानी लिखते वक्त उनके ज़ेहन में आसानी से किसी नयी फ़िल्म की पटकथा आकार ले रही होती है। इस तरह की परस्पर एक-दूसरे को समृद्ध करने वाली रचनात्मक परिस्थितियों में रहते हुए गुलज़ार अपने विचारों, सरोकारों और चिन्ताओं का रेन्ज इस कदर बड़ा बना लेते हैं कि फिर उनके लिए अभिव्यक्ति का कोई एक ही माध्यम काफ़ी नहीं रह जाता। ग़ालिब का यह शेर उन की शायरी के सिलसिले में पूरी तरह सार्थक जान पड़ता है -

बक़दरे शौक़ नहीं ज़र्फ़ तन्सुनाए ग़ज़ल
कुछ और चाहिए वुसअत मेरे बयाँ के लिए

'यार जुलाहे,' उनकी इसी अनूठी रचनात्मकता और अपने ढंग से ईजाद की हुई उर्दू और हिन्दी के मिश्रण से बनी उनकी शायरी या कविताई का सुन्दर नमूना है। इस संग्रह की पृष्ठभूमि ही गुलज़ार के शायर व्यक्तित्व को केन्द्र में रख कर बुनी गयी है। ख़ासकर, उनकी कविता और नज़्मों में मिलने वाले उन तमाम तरह के बिम्बों (इमेजेज़) और दृश्यावलियों (लैंडस्केप्स) के सन्दर्भ में, जो हिन्दी में एक अलग किस्म का गुलज़ाराना टाइप बनाता है। इन नज़्मों, कविताओं, गीतों और शेरों की अन्तर्ध्वनि को यदि इत्मीनान से टटोला जाये तो एक बात बहुत प्रमुखता से सामने आती है कि ज़्यादातर जगहों पर यह शायर अपनी बात कहने के लिए एक दृश्य बुनता है या कि कुछ बहुत ही आत्मीय संस्मरणों को एक दुर्लभ बिम्ब में रूपायित करता है। यह बिम्ब कुछ भी हो सकता है। प्राकृतिक या साहित्य सम्बन्धी, आध्यात्मिक या रूमानी। ये सारे इमेज़ेज़, जो कविता में कई-कई बार अपनी पुनरुक्ति करते हैं, गुलज़ार की कलम का सबसे महत्वपूर्ण पहलू है। ज़ाहिर है इस तरह का कौशल हम उसी शायर से पा सके हैं, जिसने बेहद संजीदगी से कुछ महत्वपूर्ण और कालजयी कहानियों पर सार्थक फ़िल्में बनायी हैं। गुलज़ार का कवि व्यक्तित्व उनके फ़िल्म सम्बन्धी किरदार का भले ही मुखापेक्षी न रहा हो, मगर इतना ज़रूर है कि फ़िल्म मीडियम में बरसों से काम करते हुए उसकी ढेरों रंगतों का अनायास ही प्रभाव उन कुछ कविताओं में आसानी से आ गया है, जिसमें हम किसी दृश्य या इमोशन की अभिव्यक्ति को किसी नये बिम्ब के माध्यम से पाते हैं। यह तरीका और इस तरह की नज़्में ही उनकी सबसे बड़ी पूँजी हैं, जिनसे हिन्दी को एक बिलकुल नये किस्म का काव्य संस्कार मिलता है। एक यथार्थवादी किस्म का स्पर्श, जो कविता को फ़िल्मी गीतों से काफ़ी ऊपर ले जाता है और उनके लिखे हुए फ़िल्मी गीतों को बड़े सुन्दर ढंग से कविता के पड़ोस में ले आता है।

इस संग्रह की अधिकांश कविताओं पर नज़र डालते हुए मैं यहाँ कुछ महत्वपूर्ण बातों की ओर आपका ध्यान दिलाना चाहता हूँ। इस तथ्य की स्थापना के लिए भी कि गुलज़ार जैसे बेहतर क़िस्सागो,

शायर, पटकथाकार, संवाद लेखक, साथ ही फ़िल्म निर्देशक के लिए, उन्हीं की रचनाओं में से निकाल कर एक नया संकलन बनाने की ज़रूरत क्यों पड़ी? दरअसल हम जब भी किसी व्यक्ति को उसकी सम्पूर्णता में देखते हैं, तो प्रायः उसकी प्रचलित और बहुप्रशंसित छवि में क़ैद करके ही उसका आकलन करते हैं। मसलन, हमारे अपने ही देश में ढेरों ऐसे मूर्धन्य हुए हैं, जिन्होंने कई माध्यमों में श्रेष्ठ काम करते हुए भी किसी एक विधा में अपने को ज़्यादा प्रतिष्ठित पाया है। उदाहरण के लिए यदि हम जवाहरलाल नेहरू की बात करें, तो आसानी से उनके व्यक्तित्व के कई प्रसंग हमें याद आते हैं, मगर एक बेहतर विचारक और रचनाकार होने के बावजूद उनकी सारी प्रतिष्ठा एक बड़े राजनेता के रूप में ही आँकी जाती हुई हमें हासिल होती है। इस तरह के ढेरों उदाहरण हैं, जिन्हें हम आसानी से याद कर सकते हैं- ख़ासकर नृत्यांगना रुक्मणी देवी अरुण्डेल, गुरुदेव रवीन्द्रनाथ ठाकुर, शम्भू मित्र, ख़्वाजा अहमद अब्बास एवं सत्यजित रे आदि। गुलज़ार भी इसी परम्परा की एक कड़ी ठहरते हैं। एक गम्भीर कहानीकार और कवि-गीतकार की पुख़्ता पहचान के बावजूद, उनके सौभाग्य के खाते में सबसे ज़्यादा तालियाँ फ़िल्मकार के रूप में दर्ज हुई हैं।

इस उपक्रम में जब हमेशा उनको एक बेहतरीन फ़िल्म निर्देशक, संवाद और पटकथा लेखक, गीतकार माना गया, तब अनजाने ही उनके द्वारा व्यक्त हुई कुछ बेहतर अभिव्यक्तियाँ उस स्तर की चर्चा न पा सकीं, जो सिनेमा माध्यम में रहते हुए उन्हें नसीब हुईं। यह भी सिनेमा का अपना जोखिम है कि एक सिनेमावाले को जल्दी-जल्दी कला का समाज साहित्यवाला मानने में हिचकता है। हालाँकि सिनेमा में भी एक लम्बी और समृद्ध परम्परा रही है, जिसमें ख़्वाजा अहमद अब्बास, राजेन्द्र सिंह बेदी, सआदत हसन मंटो, कृष्ण चन्दर, शैलेन्द्र, बलराज साहनी, शम्भू मित्र, गिरीश कर्नाड, विजय तेन्दुलकर, डॉ. राही मासूम रज़ा, ज़ाँ निसार अख़्तर एवं पं. सत्यदेव दुबे जैसे लोग हुए, जिन्होंने सिनेमा माध्यम को गहराई से समझ कर न सिर्फ़ उसे अभिनवता प्रदान की, बल्कि स्वयं की

लेखकीय रचनात्मकता को भी अपने-अपने ढंग से समृद्ध किया। गुलज़ार जैसे शायर और फ़िल्मकार का जब कभी भी आकलन हो, तब इसी तरह होना चाहिए कि उनके सिनेमाई क़द को जाँचते समय हम उनके शायर से मुख़ातिब न हों और जब उनकी रचनाओं पर बात करें, तो थोड़ी देर के लिए इस बात को भूल जायें कि जिस लेखक की चर्चा हो रही है, उसका अधिकांश जीवन सिनेमा के समाज में बीता है और उसकी कला विमल रॉय, ऋषिकेश मुखर्जी और अन्य ऐसे दिग्गज फ़िल्मकारों के साये तले विकसित हुई है।

'यार जुलाहे' के सन्दर्भ में एक काबिले-ग़ौर तथ्य यह है कि गुलज़ार की नज़्मों की पूरी पड़ताल, उन्हें हम उनके सिनेमा वाले व्यक्तित्व से निरपेक्ष न रखते हुए, उसका सहयात्री या पूरक मान कर कर रहे हैं। दूसरी महत्वपूर्ण बात यह कि हमें उनकी उस पृष्ठभूमि की ओर भी जाना चाहिए, जो मुम्बई से सम्बन्धित नहीं है।

उनके जीवन में यह तथ्य ख़ासा महत्व रखता है कि उनका बचपन दीना में बीता है। दीना वह इलाका है, जो विभाजन के बाद पाकिस्तान में जा चुका है। इसी के साथ हमें उनके जीवन की एक महत्वपूर्ण निशानदेही के रूप में यह तथ्य भी जानना होगा कि गुलज़ार और उनके परिवार ने विभाजन की पीड़ा को बहुत अन्तरंगता से भोगा है। दीना और पाकिस्तान, उस समय के संस्मरण और आत्मीय ब्योरे, विभाजन का दंश और अपनों से बिछुड़ने की ख़रोंचें, साथ ही दिल्ली आ कर बाक़ी बीता हुआ बचपन और रिफ़्यूजी कैम्पों की रातें - इन सबसे मिल-जुल कर जो इतिहास, पीड़ा, सन्त्रास और कहानियाँ बनी हैं, वही बाद में बड़ी शिद्दत से गुलज़ार की रौशनाई में आ कर घुली होंगी।

विभाजन का मेटाफ़र, गुलज़ार की नज़्मों में एक अजीब किस्म की तड़प, दर्द और बेगानापन भरता है। आप उनकी अधिकांश बचपन के संस्मरणों की कविताएँ पढ़ें, तो अनायास ही वह ख़ुशनुमा दीना उभर आता है, जो इस शायर की रूह में घुला हुआ है। ढेरों कविताओं की लम्बी फ़ेहरिस्त है, जिससे हमें उस गुलज़ार का पता मिलता है, जो

स्वयं वे आज़ादी के समय पाकिस्तान में छोड़ आये थे। *'हम सब भाग रहे थे'* की कुछ पंक्तियाँ यहाँ देखने लायक हैं-

जाने कब छोटी का मुझसे छूटा हाथ
वहीं उसी दिन फेंक आया था अपना बचपन...
लेकिन मैंने सरहद के सन्नाटों के सहराओं में अकसर देखा है
एक 'भमीरी' अब भी नाचा करती है
और इक 'लाटू' अब भी घूमा करता है.... ।'

इसी तरह *'दीना में,' 'बस्ता फेंक के लोची भागा,' 'खेत के सब्ज़े में बेसुध,' 'चाँद लाहौर की गलियों से गुज़र के,' 'पनाह,' 'दंगे,' 'अगर ऐसा भी हो सकता'* जैसी कविताएँ उनके जीवन में विभाजन के दर्द का पता देती हैं। थोड़ी देर के लिए यदि हम इस पक्ष पर उनके गीतकार व्यक्तित्व के पास जायें, जो फ़िल्मों के लिए गीत लिखता है, तब वहाँ भी पीड़ा की ख़रोचें आसानी से देखी जा सकती हैं। आप 'माचिस' के उस गीत को याद करें-

'छोड़ आये हम वो गलियाँ, छोड़ आये हम वो गलियाँ......
जहाँ तेरे पैरों के कँवल गिरा करते थे
हँसे तो दो गालों में भँवर पड़ा करते थे
तेरी कमर के बल पे नदी मुड़ा करती थी
हँसी तेरी सुन-सुनके फ़सल पका करती थी.....
छोड़ आये हम वो गलियाँ.....'

गुलज़ार के स्मृति-दंश की ये कविताएँ दरअसल उनकी भाषा में भरोसा करने की वजह से ही लिखी गयी हैं। वे चाहते तो आसानी से ढेरों कविताओं को किसी फ़िल्म की पटकथा की शक्ल दे कर चित्रित कर सकते थे। मगर ऐसा नहीं हुआ, उन्होंने अपने बचपन की उस पीड़ा और बँटवारे से मिली उस ख़ौफ़नाक विरासत को न सिर्फ़

जिया है, बल्कि बाक़ी की ज़िन्दगी में पड़ने वाली उसकी शिकन और हरारत को अपनी शायरी का महत्वपूर्ण हिस्सा बनाया है। इस बात से गुलज़ार का कहानीकार भी गहराई से भीगा हुआ है। शायद इसीलिए वे कुछ बेहद महत्वपूर्ण कहानियाँ मसलन *'ख़ौफ़,' 'फ़सल,' 'रावी पार,' 'बँटवारा'* और *'दीना'* लिख पाये हैं। उनकी ग़ज़लें भी इस बात से अछूती नहीं हैं। वहाँ भी बचपन की यादें, विभाजन के दर्द का एहसास बख़ूबी बयाँ कर देती हैं। कुछ ग़ज़लों की पंक्तियाँ इसी सन्दर्भ में ध्यान देने योग्य हैं-

ज़िक्र जहलम का है, बात है दीने की
चाँद पुखराज का, रात पश्मीने की

❖ ❖ ❖

राख को भी कुरेद कर देखो
अब भी जलता हो कोई पल शायद

❖ ❖ ❖

एक सन्नाटा दबे पाँव गया हो जैसे
दिल रो इक ख़ौफ़-सा गुज़रा है बिछड़ जाने का

❖ ❖ ❖

सेहरा के उस तरफ़ से गये सारे कारवाँ
सुन-सुन के हम तो सिर्फ़ सदा-ए-जरस जिये

स्मृतियों की बात चली है, साथ ही हम गुलज़ार के बचपन और उनकी किशोर वय की यादों को साझा कर रहे हैं, तब उसी वक्त एक और ख़ास बात की ओर उनकी कविताई का रंग खिलता हुआ नज़र आता है। वह यह है कि वे अपने आरम्भिक जीवन की नितान्त सहज और आत्मीय चीज़ों को शायरी के परिवार का सदस्य बनाते हैं। यह सारे घरेलू प्रत्यय, बिम्ब का रूप ले कर कविता का एक अद्‌भुत लैण्डस्केप रचते हैं। रोटी, तवा, उपले, चूल्हा, धुआँ, गलियाँ, बरगद का पेड़, चाँद, सिक्के, एक हरी पत्ती, बताशे, रेशम के तागे,

शहतूत, अख़बार, पंछी, जामुन, बादल, घर का दरवाज़ा, और पानी की बूँद - यह सब मिल कर गुलज़ार की कविता और शायरी का आनन्दलोक गढ़ती हैं। अपनी गहरी संवेदनशीलता और आश्चर्यचकित करने वाली मौलिकता के साथ गुलज़ार इन शब्दों से अपने नज़्मों की ऐसी सुन्दर दुनिया रचते हैं, जिसको उनके निहायत निजी सन्दर्भों व स्पर्शों के अन्तर्गत पढ़ने की ज़रूरत है। इन बिम्बों के द्वारा वे बेहद मामूली-सी लगती बात में भी जीवन का एक बड़ा फ़लसफ़ा दर्ज करते हैं। इस अर्थ में वे हिन्दी और उर्दू की मिलनभूमि पर खड़े हुए अकेले ऐसे लोकधर्मी शायर हैं, जिसकी संवेदनशील जड़ें हमें समकालीन हिन्दी कविता में नागार्जुन, त्रिलोचन, केदारनाथ अग्रवाल, सर्वेश्वर दयाल सक्सेना, विपिन कुमार अग्रवाल और केदारनाथ सिंह की कुछ कविताओं में जा कर मिलती नज़र आती हैं। समकालीन हिन्दी कविता की पहचान बन चुकी इन कवियों की रचनाओं के बरक्स गुलज़ार की कुछ कविताओं की बानगी यहाँ देखने लायक है-

वक़्त की हथेली पर बहता
आदमी बुलबुला है पानी का

❖ ❖ ❖

ख़ैरू ने खेत की सूखी मिट्टी
झुर्रियों वाले हाथ में ले कर
भीगी-भीगी आँखों से फिर ऊपर देखा

झूम के फिर उट्ठे हैं बादल
टूट के फिर मेंह बरसेगा।

❖ ❖ ❖

छोटे थे माँ उपले थापा करती थी
हम उपलों पर शक्लें गूँधा करते थे

❖ ❖ ❖

रात भर सर्द हवा चलती रही
रात भर बुझते हुए रिश्ते को तापा हमने

❖ ❖ ❖

सुबह-सुबह इक ख़्वाब की दस्तक पर दरवाज़ा खोला देखा
सरहद के उस पार से कुछ मेहमान आये हैं......
सरहद पर कल रात, सुना है, चली थी गोली
सरहद पर कल रात, सुना है
कुछ ख़्वाबों का ख़ून हुआ था

एक अनूठे ढंग की रूमानियत और बेगानेपन के मिश्रण के बावजूद गुलज़ार की कविताएँ साधारण आदमी से संवाद में अपनी पहचान ढूँढती हैं। यही बात उनकी शायरी में ऐसा रंग भरती है, जो हिन्दुस्तानी ज़ुबान में नज़्म लिखने वाले अन्य समकालीनों से उन्हें बिलकुल अलग करती हैं। एक हद तक हम यह बात आसानी से कह सकते हैं कि निहायत साधारण जीवन जीने वाले समाज की चौखट पर जा कर गुलज़ार की कविता अपना शिखर पाती हैं। यह अपनत्व और उत्कर्ष, गुलज़ार की पूरी ज़िन्दगी और उनके अनेक अन्य कार्यों में आसानी से लक्षित की जा सकती है। जैसे - अपने संघर्ष के दिनों में एक मोटर गैराज में काम करने से ले कर हिन्दी सिनेमा के दिग्गज निर्देशक बिमल रॉय के सहायक की भूमिका में उतरना या ऋषिकेश मुखर्जी, बासु भट्टाचार्य जैसे सिद्धान्तवादी फ़िल्मकारों के लिए कुछ बेहद सामाजिक फ़िल्मों की पटकथा और संवाद लिखने का कार्य, जो आज भी हमें एक सार्थक सन्देश देती हैं। मसलन- 'गुड्डी,' 'आनन्द,' 'अभिमान,' 'नमकहराम,' 'गृह-प्रवेश' और 'आशीर्वाद' जैसी फ़िल्में। और सबसे बढ़ कर यह बात कि एक महत्वपूर्ण सिनेमाई क़द हासिल कर लेने के बावजूद, हर क्षण एक शायर और कहानीकार के रूप में संघर्ष करते रहने की जद्दोजहद। ये सारे तथ्य मिल कर गुलज़ार की कविता का ऐसा करिश्माई स्थापत्य रचते हैं, जिसका कोई दूसरा विकल्प जल्दी ढूँढे नहीं मिलता।

गुलज़ार के यहाँ एक तरफ़ तो ऐसे घरेलू तथा रोज़मर्रा की ज़िन्दगी से निकलने वाले बिम्ब मिलते हैं, जो उनकी कविता को एक प्रकार की नॉस्टैल्जिया पोएट्री में तब्दील करते हैं, तो कुछ दूसरे विशुद्ध मौलिक किस्म के ऐसे अनूठे बिम्ब भी मिलते हैं, जो उनकी शायरी को कभी रूमानी, कभी जादुई, कभी सूफ़ियाना किस्म का स्पर्श देते हैं। वहाँ फिर इस बात की शिनाख़्त या फ़र्क कर पाना मुश्किल हो जाता है कि निहायत सामान्य आदमी के जीवन से वाबस्ता नज़्में एकाएक किस तरह सूफ़ियाना मूड पकड़ लेती हैं। उस क्षण उनकी कविता कभी ग़ालिब की गलियों से गुज़रती हुई दिखायी पड़ती है, तो कभी बनारस में गंगा के घाट पर कबीरी ठाठ ओढ़े हुए नज़र आती है। कभी ये नज़्में सूफ़ी कवियों की बिरादरी में बैठे हुए उदासी का रंग ढूँढती हैं, तो अक्सर उनमें जीवन की ख़ुशी और उसके मिलन-विरह की निजी अभिव्यक्तियाँ आकार ग्रहण करती हैं। लब्बोलुआब यह कि गुलज़ार की कविता की कई परतें हैं और उन परतों के बीच में जीवन और उसकी विसंगतियों की अनगिनत रंगतें हैं। जैसे-जैसे हम इन नज़्मों की परतों को एक-एक कर अलग करते चलते हैं, वैसे-वैसे इस शायर का अपना फ़लसफ़ा पूरी रूमानियत और जज़्बात के साथ खिलता जाता है। कुछ पंक्तियाँ, उनके इसी सूफ़ियाना अन्दाज़ को पकड़ने के लिए यहाँ प्रस्तुत हैं-

ज़िन्दगी किस क़दर आसाँ होती
रिश्ते गर होते लिबास-
और बदल लेते क़मीज़ों की तरह

❖ ❖ ❖

काँच के ख़्वाब हैं बिखरे हुए तनहाई में
ख़्वाब टूटे न कोई, जाग न जाये देखो
जाग जायेगा कोई ख़्वाब तो मर जायेगा

❖ ❖ ❖

कितना अर्सा हुआ कोई उम्मीद जलाये
कितनी मुद्दत हुई किसी कन्दील पे जलती रौशनी रखे

❖ ❖ ❖

अपने ही साँसों का क़ैदी
रेशम का यह शायर इक दिन
अपने ही तागों में घुट कर मर जायेगा

❖ ❖ ❖

अभी न पर्दा गिराओ, ठहरो, कि दास्ताँ आगे और भी है....
अभी तो किरदार ही बुझे हैं
अभी सुलगते हैं रूह के ग़म, अभी धड़कते हैं दर्द दिल के
अभी तो एहसास जी रहा है

❖ ❖ ❖

उस मोड़ पे बैठा हूँ, जिस मोड़ से जाती हैं, हरेक तरफ़ राहें
इक रोज़ तो यूँ होगा, इस मोड़ पे आ कर तुम
रुक जाओगी, कह दोगी
वह कौन-सा रस्ता है
जिस राह पे जाना है।

❖ ❖ ❖

ग़ौर से देखना बहारों में
पिछले मौसम के भी निशाँ होंगे
कोंपलों की उदास आँखों में
आँसुओं की नमी बची होगी

अनगिनत नज़्मों, कविताओं और ग़ज़लों की समृद्ध दुनिया है गुलज़ार के यहाँ, जो अपना सूफ़ियाना रंग लिये हुए शायर का जीवन-दर्शन व्यक्त करती हैं। इस अभिव्यक्ति में जहाँ एक ओर हमें कवि के अन्तर्मन की महीन बुनावट की जानकारी मिलती है, वहीं दूसरी ओर सूफ़ियाना रंगत लिये हुए लगभग निर्गुण कवियों की बोली-बानी के करीब पहुँचने वाली उनकी आवाज़ या कविता का स्थायी फक्कड़ स्वभाव

हमें एकबारगी उदासी में तब्दील होता हुआ नज़र आता है। एक प्रकार का वीतरागी भाव या जीवन के गहनतम स्तर तक पहुँचा हुआ ऐसा अवसादी मन, जो प्रचलित अर्थों में अपना आशय विराग द्वारा व्यक्त करता है। उदासी की यही भावना और उसमें सूक्ष्मतम स्तर तक उतरा हुआ अवसाद-भरा जीवन का निर्मम सत्य, इन नज़्मों की सबसे बड़ी ताक़त बन कर हमारे सामने आता है। इस अर्थ में गुलज़ार की कविता प्रेम में विरह, जीवन में विराग, रिश्तों में बढ़ती हुई दूरी और हमारे समय में अधिकांश चीज़ों के सम्वेदनहीन होते जाने की पड़ताल की कविता है। ज़ाहिर है, इस तरह की कविता में दुख और उदासी उसी तरह से अपना आश्रय पाते हैं, जिस तरह निर्गुण पदों और सूफ़ियाना कलामों में प्रेम और आत्मीयता के क्षण, पीड़ा का रूप धर कर अपनी परिभाषा गढ़ते हैं। यह अकारण नहीं है कि गुलज़ार के लिखे अधिसंख्य फ़िल्मी गीत भी इसी कारण अपना संवेदनात्मक उत्कर्ष गहरी मार्मिकता में पाते हैं। एक-दो गीतों के उदाहरण से यह मार्मिकता समझी जा सकती है।

एक अकेला इस शहर में......
जीने की वजह तो कोई नहीं
मरने का बहाना ढूँढता है
-(फ़िल्म : घरौंदा)

❖ ❖ ❖

दो नैनों में आँसू भरे हैं
निंदिया कैसे समाये.....
झूठे तेरे वादों पे बरस बिताये
ज़िन्दगी तो काटी, यह रात कट जाये
- (फ़िल्म : ख़ुशबू)

❖ ❖ ❖

कहने वालों का कुछ नहीं जाता
सहने वाले कमाल करते हैं

कौन ढूँढे जवाब दर्दों के
लोग तो बस सवाल करते हैं
आज बिछुड़े हैं....
- *(फ़िल्म : थोड़ी-सी बेवफ़ाई)*

इस किस्म की संवेदनशीलता को पाने के जतन में गुलज़ार किसी प्रकार की परम्परा की ओर नहीं मुड़ते, जहाँ वे स्वतन्त्र रूप से उस परम्परा से जुड़ सकें; बल्कि वह इस प्रकार की निजता को स्वयं के लिए आविष्कृत करने हेतु अपनी तरफ़ मुड़ते हैं, जिससे खुद की एक नयी परम्परा गढ़ सकें। वह परम्परा, जो उन्होंने खुद की भाषा और घर की बोली से पायी है, जिसे उन्होंने पुराने दिल्ली के सब्ज़ी मण्डी वाले इलाके में रोशनआरा रोड पर बचपन में खेलते हुए महसूस किया है, जिसे ग़ालिब, मीर, मोमिन, और नज़ीर के कलामों की सोहबत से अर्जित किया है और जिसे उन्होंने अपना विशिष्ट फ़िल्मी सफ़र तय करते हुए बाँग्ला साहित्य की तमाम अमर कहानियों, मीरा, रवीन्द्रनाथ टैगोर, शरतचन्द्र और समरेश बसु के कथानकों से ढूँढ निकाला है। किन्तु इस पूरी प्रक्रिया में इन सन्दर्भों के चुनावों का संघर्ष, परम्परा और आधुनिकता के बीच के दबावों तथा अपने परिवेश के अन्तर्द्वन्द्वों से जूझने की छटपटाहट ने ही उनके शायर व्यक्तित्व को ऐसा अनूठा किरदार बख़्शा है। शायद इसीलिए जब हम गुलज़ार की नज़्मों को पढ़ते हैं या कि उनके लिखे हुए किसी गीत के मिसरे को अनायास ही गुनगुनाते हैं; तो अक्सर यह पाते हैं कि एक सजग किस्म का आत्मबोध और जीवन के लोक पक्ष की मुखर विवेचना हमेशा ही एक अन्तर्गुम्फित लय की तरह उनकी कविता भाषा में बार-बार लौटती है। इस लिहाज़ से उनकी कविता की भाषा का सरलीकरण नहीं किया जा सकता। एक स्तर पर हम यह भी कह सकते हैं कि उनके द्वारा चुने गये या गढ़े गये प्रतीक और बिम्बों का कोई सामान्य पाठ नहीं लगाया जा सकता। वे सारे प्रतीक, बिम्ब और सादृश्य अपनी शर्तों पर गुलज़ार की

कविता का मर्म स्पष्ट करते हैं। यही कारण है कि वे प्रचलित अर्थों में अपने किसी समकालीन या परवर्ती रचनाकार के मुखापेक्षी नहीं ठहरते। उनका संघर्ष अपने आप ही से, अपनी ही पिछली उपलब्धि से है। उनके बिम्ब ख़ुद के ही सिलबट्टे पर अपनी अर्थसम्भवा रंगत पैदा करते हैं। और यह उनका अपना ही निजी शब्दकोष है, जिसमें से निकल कर ढेरों संवेदनात्मक संस्पर्श - चूल्हे, तारों, जुगुनुओं, चिराग़, अलाव, और चाँद की शक्ल में चमकते हैं -

न हर सहर का वो झगड़ा, न शब की बेचैनी
न चूल्हा जलता है घर में न आँखें जलती हैं

मैं कितने अम्न से घर में उदास रहता हूँ

एक और ख़ास चीज़ है, जो इस शायर के यहाँ लगभग उनकी कविता की पहचान का पर्याय बन गयी है। एक हद तक काव्य-रूढ़ि की तरह, जिसे साहित्यशास्त्र में हम मोटिफ़ के तौर पर जानते हैं। वह है- चाँद की उपस्थिति। 'चाँद,' गुलज़ार की कविता में अकेला ऐसा बिम्ब या प्रतीक है, जो लगभग बार-बार हमसे मुख़ातिब होता है। वह अकेले में ही कभी पूरा-का-पूरा दृश्य बनता है या किसी नज़्म में अपने प्रवेश के साथ सारी दृश्यावली को एक विशिष्ट किस्म का 'गुलज़ार टाइप' बना देता है। एक तरह से 'चाँद' उनका सर्वप्रिय प्रत्यय है, जिस पर वे अपने से भी ज़्यादा भरोसा करते हैं। इस बिम्ब को ले कर उनका आग्रह इतना गाढ़ा और मुखर है कि एकाएक यह विश्वास करना मुश्किल हो जाता है कि बाक़ी के अन्य सारे प्राकृतिक बिम्ब उनके शायर के लिए कुछ कम महत्व के हैं। हालाँकि ये गुलज़ार ही हैं, जिनके यहाँ सर्वाधिक प्राकृतिक प्रतीकों की भरमार रही है। फिर वह सूरज, तारे, पहाड़, बारिश, पतझड़, दिन-रात, शाम, नदी, बर्फ़, समुद्र, धुन्ध, हवा कुछ भी हो सकती है। मगर चाँद शायद अकेला ही, ऐसा वज़नी और अर्थवान प्रतीक है जो उनके साहित्य के रसायन को और गाढ़ा बनाता है। आप उनकी ग़ज़लें लें या कोई

कविता, किसी गीत को टटोलें या त्रिवेणियों की छोटी-छोटी सार्थक उपस्थितियाँ - सभी जगह चन्द्रमा पर आस्था गहरायी ही है। उदाहरण के लिए उनके लम्बे रचना-कर्म से कुछ निहायत सुन्दर और दुर्लभ चाँद के बिम्ब चुन कर, यहाँ आपको याद दिलाता हूँ- *'आज फिर चाँद की पेशानी से उठता है धुआँ,' 'चूम लेता यह चाँद का माथा,' 'चाँद से गिर के मर गया है वो,' 'दामन-ए-शब पे लटकता है अभी चाँद का पैवन्द,' 'ज़र्द-सा चेहरा लिये चाँद उफ़क़ पर पहुँचे,' 'चाँद बस पक के गिरने वाला था,' 'रोज़ उठ कर चाँद टाँगा है फ़लक पे रात को,' 'चाँद क्यूँ अब्र की उस मैली-सी गठरी में छुपा था,' 'चाँद की चिकनी डली है कि घुली जाती है,' 'चाँद निकले तो गिरफ़्तार ही कर लो,' 'चाँद चुभ जायेगा उँगली में तो ख़ून आ जायेगा,' 'बहुत-से लोग थे कल रात चाँद की कश्ती में,' 'माँ ने जिस चाँद-सी दुल्हन की दुआ दी थी मुझे,' 'रात जो गुज़री, चाँद की कौड़ी डाल गयी उसमें,' 'चलो ना चाँद की कश्ती में झील पार करें'* तथा *'रोज़ इक चाँद बेलती है रात'* आदि। बुख़ार की हद तक पहुँचा हुआ गुलज़ार का यह 'चाँद-प्रेम' उनके फ़िल्मी गीतों में भी कुछ बहुत नये ढंग के दृश्य ले आया है; जैसे -

कुछ चाँद के रथ तो गुज़रे थे/पर चाँद से कोई उतरा नहीं.....

❖ ❖ ❖

बदरी हटा के चन्दा/चुपके से झाँके चन्दा.....

❖ ❖ ❖

रोज़ अकेली आये, रोज़ अकेली जाये/
चाँद कटोरा लिये भिखारन रात...

❖ ❖ ❖

इक बूँद है चन्दा की/उतरी न समन्दर में.....

❖ ❖ ❖

चाँद की बिन्दी वाली/बिन्दी वाली रतियाँ.....

❖ ❖ ❖

तुम जो कह दो तो आज की रात/
चाँद डूबेगा नहीं, रात को रोक लो.....

❖ ❖ ❖

एक सौ सोलह चाँद की रातें/एक तुम्हारे काँधे का तिल....

❖ ❖ ❖

ओ मोरे चन्द्रमा/तेरी चाँदनी अंग जलाये.....

❖ ❖ ❖

नीली नदी के परे/गीला-सा चाँद खिल गया.....

बिम्ब और प्रतीकों, ख़ासकर प्राकृतिक रूपकों से सादृश्य रचने में महारत पाये हुए गुलज़ार के यहाँ एक अजीब बात यह भी देखने में मिलती है कि चाँद या उस जैसे अन्य कोमल प्रतीकों के इस्तेमाल के बावजूद शायरी का जज़्बा बहुत रूमानी या भावुक नहीं बनता, बल्कि उसमें एक दुर्लभ किस्म का ठण्डापन मिलता है, जो नये सिरे से इस बात को रेखांकित करता है कि गुलज़ार की शायरी पीड़ा की अभिव्यक्ति में या कि दर्द के अपनेपन को पूरी गरिमा से स्वीकारने में प्रतिष्ठा पाती है। एक तरीके से रूढ़िगत अर्थों में गुलज़ार ऐसे क्षणों में उर्दू शायरी की उसी परम्परा का अनुगमन करते नज़र आते हैं, जहाँ हज़ार सालों से अनगिनत नज़्में अपने दर्द और तड़प को तफ़सील से बयाँ करने में लिखी गयी हैं। ज़ाहिर है, उदासी का यह आलम, कविता में ऐश्वर्य और चकाचौंध रचने की जगह संवेदना और करुणा से धार पैदा करता है। कुछ-कुछ फ़ैज़ की इन पंक्तियों की तरह, जिनमें वे कहते हैं-

बड़ा है दर्द का रिश्तः ये दिल ग़रीब सही
तुम्हारे नाम पे आयेंगे ग़मगुसार चले

जो हम पे गुज़री सो गुज़री मगर शबे-हिज्राँ
हमारे अश्क तिरी आक़बत सँवार चले

गुलज़ार के रचना-कर्म में, विशेषकर उनकी कविता और गज़लों के सन्दर्भ में एक महत्वपूर्ण प्रतीति यह भी है कि उनके यहाँ 'प्रेम' बहुत गरिमा के साथ प्रतिष्ठित हुआ है। उनके स्वभाव में जो एक अजीब-सा बेगानापन है, संकोच का ठहरा हुआ-सा पर्दा है, वह भी प्रेम को सामान्य अर्थों में विश्लेषित नहीं करता। यह जानना दिलचस्प है कि सूफ़ी कविता और सूफ़ी संगीत में भी प्रेम की उपस्थिति लगभग एक अनिर्वचनीय सत्य के रूप में उजागर होती रही है। फिर बात जब गुलज़ार की हो रही हो, जो स्वयं अपनी अभिव्यक्ति की सहज छायाएँ बुल्लेशाह, बाबा फ़रीद, कुली कुतुबशाह, शम्स तबरेज़ी और नानक में ढूँढते हों, तब यह बात आसानी से स्थापित हो जाती है कि प्रेम में इतनी उदात्त भावना की प्रतिष्ठा किस तरह उनके शायर को उपलब्ध हो सकी है। आज के इस बाज़ारवाद के निर्मम समय में भी वे अपनी उर्दू ज़ुबान, सूफ़ी कविता से प्रेम और जीवन के प्रति सहज ढंग से व्यक्त हुई भावनाओं के प्रति उत्सुक बने रहने के जतन के चलते, ख़ुद की लिखी नज़्मों में प्रेम और उसकी संप्रेषणीयता का इतना बड़ा वितान रचते हैं, जो अन्यत्र मुश्किल से मिलता है। कुछ कविताओं के उदाहरण से प्रेम की यह सुन्दर अभिव्यक्ति समझी जा सकती है।

तेरे गुलनार-से दहके हुए रुख़सारों पर
शाम का पिघला हुआ सुर्ख़-ओ-सुनहरी रोग़न

❖ ❖ ❖

ज़िस्म जब ख़त्म हो और रुह को जब साँस आये
मुझसे इक नज़्म का वादा है, मिलेगी मुझको

❖ ❖ ❖

तुम्हारे ग़म की डली उठा कर
ज़ुबाँ पर रख ली है देखो मैंने
वह क़तरा-क़तरा पिघल रही है
मैं क़तरा-क़तरा ही जी रहा हूँ

❖ ❖ ❖

एक शफ़्फ़ाफ़ काँच का दरिया
जब खनक जाता है किनारों से
देर तक गूँजता है कानों में.....

तेरी आवाज़ पहन रखी है कानों में मैंने.....

प्रेम में उस अनसुनी आवाज़ को, जो बोलना नहीं जानती - गुलज़ार बख़ूबी सुन पाये हैं। और यह उनके किरदार की सबसे बड़ी कैफ़ियत है कि वे प्रेम में इन अलक्षित अन्तरालों को बड़ी शिद्दत से पहचानते हैं। वरिष्ठ लेखिका अमृता प्रीतम ने उनके इसी पक्ष को बहुत सुन्दर ढंग से पकड़ा और कहा है - *"गुलज़ार एक बहुत प्यारे शायर हैं, जो अक्षरों के अन्तराल में बसी हुई ख़ामोशी की अज़मत को जानते हैं... । उन्होंने इसे इतना पहचाना है कि उसकी बात अक्षरों में ढालते हुए उन्होंने उस ख़ामोशी की अज़मत रख ली है, जो एहसास में उतरना जानती है पर होंटों पर आना नहीं जानती। एक ऐसी ख़ामोशी, जो अक्षरों को पा कर भी बोलना नहीं जानती।"*

इसी ख़ामोशी को साधने के जतन में उम्र भर लगे रहे गुलज़ार शायद इन्हीं वजहों से प्रेम की स्थापना में उन अँधेरे दायरों की ओर भी चले गये हैं, जहाँ सिर्फ़ एहसास की रोशनी से उजाला किया जाता है। वे प्रेम को अपनी कविता में इतनी पूर्णता बख़्शते हैं कि उनके लिए फिर यह बात आसान हो जाती है किस तरह कायनात और सय्यारों में भटकते हुए किसी रूह में उतरा जाये या कि बाँहों के दो उलझे हुए मिसरे खोल कर वे अचानक सुबह कर दें और जुलाहे से पूरी बेबाकी से यह प्रश्न कर बैठें कि जब मैंने जीवन में एक ही रिश्ता इतनी सादगी और भरोसे से बुना था, तो फिर क्यों उसकी सारी गिरहें आज मुझे साफ़ नज़र आती हैं।

मुझको भी तरकीब सिखा कोई यार जुलाहे....
मैंने तो इक बार बुना था एक ही रिश्ता
लेकिन उसकी सारी गिरहें
साफ़ नज़र आती हैं मेरे यार जुलाहे

पुराने समयों से प्रेम की अभिव्यक्ति शायरी के लिए सर्वाधिक भरोसेमन्द विषय रहा है। गुलज़ार की ग़ज़ल भी इस सार्वजनीन भावना के प्रति उसी ऊँचाई पर पहुँचती है, जहाँ आसानी से हम मीर या फ़िराक़ की किसी ग़ज़ल को पहुँचा हुआ देख सकते हैं। यह सिद्धहस्तता गुलज़ार की गज़लों का एक महत्वपूर्ण पड़ाव इसलिए भी है क्योंकि उन्होंने इतने दशकों में फैले अपने समृद्ध रचनात्मक जीवन में ढेरों ऐसे सृजन के क्षण जुटाये हैं, जहाँ प्रेम कई-कई कोणों से परखा और सँवारा गया है। फ़िल्मों की पटकथा और संवाद की बात हो या किसी ग़ैर-फ़िल्मी ऐलबम के लिए गीत लिखने की पेशकश या स्वयं शुद्ध मनोरंजन परोसने वाली फ़िल्मों में रूमानियत के दृश्य पैदा करने वाले प्रेम-गीत - सभी कुछ को लिखते हुए, साथ ही अपनी बेहद सुन्दर छोटी-छोटी कहानियों के सूत्र तलाशते हुए गुलज़ार ने अपनी रचनाओं में प्रेम की सफल अभिव्यक्ति की है। यह तथ्य भी यहाँ इस बात के प्रमाण के लिए याद करने लायक है, कि उन्होंने अपना फ़िल्मी कैरियर जिस पहले गीत को लिख कर शुरू किया था, वह विशुद्ध प्रेम में डूबा हुआ गीत था। 'बन्दिनी' का वह प्रसिद्ध गाना, नायिका कल्याणी की झिझक और उसकी आन्तरिक मनोदशा का सबसे मनोहारी चित्रण था कि कैसे वह अपने प्रेम में भीगी हुई एकाएक किसी चाँदनी रात को घर के आँगन से बाहर पाँव रख देती है। प्रेम को रूपायित करने का वह सिलसिला, जो सन 1963 में 'बन्दिनी' के इस अमरगीत के साथ गुलज़ार के कलम से आरम्भ हुआ था, वह बरसों बीत जाने के बाद भी आज उतनी ही नज़ाकत और बेचैनी के साथ उनकी रचनात्मक यात्रा में मौजूद है। उनके गीतों और कविताओं से अलग, कुछ ग़ज़लों से एक-दो अशआर इसी बात की पहचान के लिए यहाँ प्रस्तुत हैं -

हाथ छूटें भी तो रिश्ते नहीं छोड़ा करते
वक़्त की शाख़ से लम्हे नहीं तोड़ा करते

❖ ❖ ❖

रुके रुके से कदम रुक के बार-बार चले

क़रार दे के तेरे दर से बेक़रार चले

❖ ❖ ❖

सिरे उधड गये हैं सुबह-ो-शाम के
वो मेरे दो जहान साथ ले गया

गुलज़ार की कविता में प्रेम, विरह, उदासी, रिश्तों की गर्माहट, बचपन की यादें, खोयी हुई चीज़ों की तलाश और सब कुछ गँवा कर सामान्य बने रहने की फ़ितरत - इतनी सहजता, संवेदनशीलता और निस्संगता के साथ दर्ज हुई है कि जान कर हैरत होती है कि किस तरह कोई शायर इतनी सामान्य-सी लगती जमा-पूँजी पर अपने सृजन का इतना बड़ा मायालोक रच सकता है। ठीक उस जादूगर या नजूमी की तरह, जो अपनी छोटी-सी जादू की गठरी से निकाल कर दुनिया भर के रंग और तमाशे बच्चों को दिखाता है और बात-बात पर हैरान करता है।

प्रेम से बिलकुल अलग मृत्यु भी अपने में ऐसा विशिष्ट और विचार पगा शब्द है, जो गुलज़ार के यहाँ पूरी शिद्दत से अपनी उपस्थिति को व्यंजित करता है। वे अपने जीवन-संघर्ष में इतना तपे हुए हैं कि मृत्यु जैसे पड़ाव को भी बहुत उदारता से कविता में बरतते हैं। कभी-कभी लगता है कि अधिकांश कविताएँ जैसे मृत्यु के स्वीकार या उसके गौरवशाली अंकन में ही अपनी सार्थकता पाती हैं। उनके जीवन से निकले हुए तमाम संघर्ष के क्षण इस बात को व्यक्त करने में ज़रा भी नहीं चूकते कि किस तरह मृत्यु को हरा कर, ढुलमुल और संकोची विचारों को त्याग कर, एक मनुष्य अपने लिए तटस्थ किस्म की दृढ़ता अर्जित करता है। यह अकारण नहीं है कि गुलज़ार के रचनाकर्म में जहाँ कहीं भी मृत्यु की उपस्थिति है, वह भयावह या त्रासद न हो कर नितान्त सहज और बेपरवाह है। मृत्यु का इतना सकारात्मक चित्रण गुलज़ार के अलावा शायद ही उनके किसी अन्य समकालीन में नज़र आता हो। मृत्यु के रूपक को गौरव दिलाने वाली कुछ

पंक्तियाँ यहाँ इसी बात की नुमाइन्दगी के लिए पढ़ी जा सकती हैं। साथ ही इस सम्भावना पर विचार करने की दृष्टि से भी कि ढेरों रूमानी बिम्बों के पैरोकार, कैसे मृत्यु जैसे शान्त पद में भी संवेदना की हरारत भर पाये हैं।

उतारो रूह से यह जिस्म का हसीं गहना
उठो दुआ से तो आमीन कहके रूह दे दो

❖ ❖ ❖

ख़याल रखना कहीं कोई ज़िन्दगी की सिलवट
न मौत के पाक साफ़ चेहरे के साथ जाये

❖ ❖ ❖

गिरा दो पर्दा कि दास्ताँ ख़ाली हो गयी है
गिरा दो पर्दा कि ख़ूबसूरत उदास चेहरे ख़ला में तहलील हो गये हैं

❖ ❖ ❖

क्या पता कब, कहाँ से मारेगी
बस, कि मैं ज़िन्दगी से डरता हूँ
मौत का क्या है, एक बार मारेगी

❖ ❖ ❖

जिस्म सौ बार जले तब भी वही मिट्टी का ढेला
रूह इक बार जलेगी तो वो कुन्दन होगी

❖ ❖ ❖

जिस्म और जाँ टटोल कर देखें
ये पिटारी भी खोल कर देखें

इन कविताओं, त्रिवेणियों और ग़ज़लों से गुजरते हुए एक बात और भी स्पष्ट होती है कि गुलज़ार ने अपनी सर्जना में किसी प्रकार की तात्कालिकता को उसके कच्चेपन में नहीं उकेरा है। वे पूर्णता के हिमायती हैं, सौन्दर्यबोध के कवि हैं, स्मृतिदंश उन्हें बार-बार कुछ पारदर्शी लिखने के लिए प्रेरित करती है और किसी भी प्रकार का

आभिजात्य तथा आत्ममुग्धता उनके रचनाकार को छू भी नहीं पाती। वे आत्मदया से कोसों दूर, जीवन और लोक के स्पन्दन को सहेजने वाले ऐसे बेबाक़ शायर हैं, जिन्हें पता है कि ज़िन्दगी महज़ कुछ चीज़ों पर ही टिकी नहीं रहती। वहाँ समाज से मिली हुई अनगिनत उपेक्षा भी भीतर की संजीदगी को कम नहीं कर पाती। इन सब में अकेली शायर के पास बस एक अपना क़लम ही होती है, जो हरसम्भव हौसला बनाये रखती है।

एक नन्ही-सी मेरी नज़्म मेरे सामने आ कर
मुझसे कहती है मेरा हाथ पकड़ कर, मेरे शायर
ला, मेरे कन्धों पर रख दे, मैं तेरा बोझ उठा लूँ

❖ ❖ ❖

थक जाओ अगर और तुमको ज़रूरत पड़ जाये
इक नज़्म की उँगली थाम के वापस आ जाना

गुलज़ार की कविता में इन सब बातों से अलग एक और चीज़ है, जिसे लक्ष्य किये बिना उनके रचनाकार को मुकम्मल तौर पर जाना नहीं जा सकता। हम यह तथ्य बख़ूबी जानते हैं कि वे एक महत्वपूर्ण शायर होने के बावजूद एक सफल पटकथा लेखक भी रहे हैं। फ़िल्मों के लिए पटकथा लिखने की यह सबसे पहली शर्त है कि उसका लेखक किसी भी घटना, कहानी या विचार को पूरी तरह एक दृश्य में तब्दील कर दे। यह विजुयलाइजेशन, जो फ़िल्मों में कदम-कदम पर अपना महत्व दर्शाता है, गुलज़ार की उन कुछ नज़्मों में पूरी तरह आ कर बस गया है, जिन्हें वे पोर्ट्रेट या लैंडस्केप कहते हैं। इस अर्थ में उनकी वैसी कविताएँ उस पटकथाकार को ध्यान में रख कर पढ़नी चाहिएँ, जिसने कुछ सार्थक फ़िल्में लिखी हैं। इस अर्थ में हम आर.डी. बर्मन को याद करने वाली कविता *'याद है बारिशों का दिन पंचम,' 'सलिल चौधरी,' 'बिमल रॉय,' 'ग़ालिब,' 'सेल्फ़ पोर्ट्रेट,' 'फ़तेहपुर सीकरी,' 'हवामहल जयपुर,' 'नसीरुद्दीन शाह के लिए'* तथा *'मुम्बई'* आदि को ले सकते हैं। उनकी इस तरह

की कविताओं में भी इस बात को आसानी से परखा जा सकता है कि गुलज़ार ने निहायत व्यक्तिगत लम्हों और संस्मरणों को दृश्य देते वक्त बिम्बों और प्रतीकों से अपना ध्यान हटाया नहीं है। वे स्वीकारते भी हैं कि इन पोर्ट्रेट, लैंडस्केप और स्केचेज़ को वे फ़िल्म की भाषा में 'क्लोज़-अप,' 'लौंग-शॉट' या 'डिज़ॉल्व' कह कर पुकारें। यह स्वीकारोक्ति इस बात की ओर पूरी संजीदगी से इशारा करती है कि ऐसी कविताएँ दरअसल उनके फ़िल्म निर्देशक रूप का ही एक हिस्सा हैं। साथ ही, ऐसी कविताएँ लिख कर उन्होंने अपनी चाक्षुष अभिव्यक्ति को भी राइटिंग मीडियम का हिस्सा बना दिया है। उसे दर्शकों से अलग कुछ पाठक भी मुहैया करा दिये हैं। इस सन्दर्भ में दो कविताओं के उदाहरण से उनकी इस अभिव्यक्ति को समझा जा सकता है। ये कविताएँ क्रमशः *'याद है बारिशों का दिन पंचम'* और *'ग़ालिब'* हैं-

धुन्ध में ऐसे लग रहे थे हम,
जैसे दो पौधे पास बैठे हों,
हम बहुत देर तक वहाँ बैठे,
उस मुसाफ़िर का ज़िक्र करते रहे,
जिस को आना था पिछली शब, लेकिन
उसकी आमद का वक़्त टलता रहा
- (याद है बारिशों का दिन पंचम)

इसी बेनूर अँधेरी-सी 'गली क़ासिम' से
एक तरतीब चराग़ों की शुरू होती है
एक कुरान-ए-सुख़न का सफ़ा खुलता है
असद उल्लाह ख़ाँ 'ग़ालिब' का पता मिलता है।
- *(ग़ालिब)*

गुलज़ार की कविता की विवेचना यदि उनकी पृष्ठभूमि, व्यक्तित्व और सिने परिदृश्य के आधार पर हम करें तो पायेंगे कि वह अपने पुनर्पाठ के लिए बार-बार आमन्त्रित करती है। ज़्यादातर कविताओं

में बिम्ब, प्रतीक, सादृश्य, रूपक, और ध्वनियाँ इतनी साफ़गोई से पिरोयी गयी हैं कि यह जान कर हैरत होती है कि जब उनका कवि मन किसी साहित्य या भाषा का परम्परागत विद्यार्थी नहीं रहा, तब फिर कैसे साहित्य शास्त्र और भाषा की इतनी सूक्ष्म बारीकियाँ उनकी रचना में अपनी जगह बना सकी हैं। गुलज़ार की कविता के लिए किसी भी प्रकार का मेटाफ़र चुनना हो, तो किसी भी पाठक या आलोचक को ख़ासी मुश्किल का सामना करना पड़ेगा। कारण यही कि शायद ही कोई ऐसा रूपक या प्रतीक बचा होगा, जिसकी नयी-नयी अभिव्यक्तियाँ उनके साहित्य में दर्ज होने से रह गयी हों। उनके रूमानी ख़यालात हों, प्राकृतिक बिम्ब हों, संस्मरणों के लम्बे मार्मिक दृश्य हों या जीवन के फ़लसफ़े को स्पष्ट करने वाली बेहद चुटीली व्यंजनाएँ, हर कहीं उनका रचनात्मक मन साधारण चीज़ों से अपने लिए सम्बन्ध स्थापित कर लेता है। लगता है कि जैसे उनकी सम्पूर्ण लेखकीय यात्रा में एक शायर, एक कहानीकार, एक पटकथा लेखक, एक फ़िल्म निर्देशक और एक ग़ज़लकार ख़ानाबदोश की तरह, अपने चेहरे बदल-बदल कर एक ही लय में यात्रा करते हैं। कुछ उस तरह, जैसा वे कहते हैं -

आओ, सारे पहन लें आईने
सारे देखेंगे अपना ही चेहरा

रूह? अपनी भी किसने देखी है।

सारे आईनों को पहन लेने की तड़प ही गुलज़ार को एक बेहतरीन शायर बनाती है। वे उदासी का संगीत रचते हुए और जीवन की तमाम परेशानियों पर अपनी उँगली रखते हुए उस अनन्तिम सत्य तक पहुँचते हैं, जहाँ से साधारण आदमी का लौटना मुश्किल है। अपनी कविता द्वारा, जीवन का इतना बड़ा संगीत सुनाते हुए यह गुलज़ार ही हैं जिनके यहाँ तमाम ऐसी बातें पढ़ने को मिल जाती हैं, जो हमें इस दोराहे पर ला खड़ा करती हैं कि हम अपनी ही आँखों द्वारा ख़ुद का

चेहरा साफ़-साफ़ देख सकें। यह काम, जो कोई भी व्यक्ति पूरी सर्जनात्मक ईमानदारी से कर पाया है, समय ने उसे ही बड़ा अदीब, फ़नकार, शायर और अफ़सानानिगार माना है। गुलज़ार के इस तरह बड़ा बनने में उनके ढेरों कला माध्यमों में फैली हुई स्याही और सेल्युलाइड की रीलों पर उनके द्वारा लिखी गयी इबारत के द्वारा ही सम्भव हुआ है। और कुछ उन अमर पंक्तियों द्वारा, जो हमें ऐसे दरवेश के दिल का पता देती हैं -

दिन का कीकर काट-काट के कुल्हाड़ी से
रात का ईंधन जमा किया है

❖ ❖ ❖

इक-इक याद उठाओ और पलकों से पोंछ के वापस रख दो

❖ ❖ ❖

आग कर लेती है तिनकों पर गुज़ारा लेकिन
आशियानों को निगलती है निवालों की तरह

❖ ❖ ❖

इश्क पे दिल का एक लिबास ही काफ़ी था, अब
कितनी पोशाकें पहनेगा

❖ ❖ ❖

हँसी की आग उड़ाओ चमकती किरनों में
खिलेंगे रंग हँसी बुलबुलों के चेहरों पर

❖ ❖ ❖

भक से फट जायेगा फूला हुआ सूरज का गुब्बारा
छन-से बुझ जायेगा इक और दहकता हुआ दिन

❖ ❖ ❖

अजीब है दर्द और तस्कीं का साँझा रिश्ता
मिलेगी छाँव तो बस कहीं धूप में मिलेगी

❖ ❖ ❖

कुछ भी क़ायम नहीं है कुछ भी नहीं

और जो क़ायम है, बस इक मैं हूँ
मैं जो पल-पल बदलता रहता हूँ

और अन्त में, गुलज़ार के शायर की सबसे बड़ी ताक़त की ओर इशारा करना चाहता हूँ, जिसके रहते हुए हमें कुछ नज़्मों, कविताओं, और ग़ज़लों की शक्ल में इतनी बड़ी सौग़ात मिली है। वह बात बस इतनी-सी ही है कि गुलज़ार जीवन का लम्हा-लम्हा तोड़ कर जीने में विश्वास करते हैं। उनके यहाँ रिश्ते इतने बड़े और व्यापक हैं कि पूरा आकाश ही ढँक लें। संवेदना है, तो इतनी तरल है कि उसमें चाँद की कश्ती चल सकती है। इच्छाएँ, सुख, यथार्थ, नींदें, सपने, जिज्ञासा, प्रेम, स्मृतियाँ और रिश्तों की गुनगुनाहट को इन नज़्मों और ग़ज़लों में इतने क़रीने से बुना गया है कि लगता ही नहीं कि वे एक शायर के क़लम से अपना किरदार पाती हैं, बल्कि उन्हें पढ़ते हुए हमेशा यह महसूस होता है कि वह किसी नेक जुलाहे के अन्तर्मन के तागे से बुनी गयी हैं। गुलज़ार यहाँ इन कविताओं को रचते हुए अपने शायर के लिबास से निकल कर जुलाहे की रूह में उतर गये हैं। इस रूह में रह कर ही वे कबीर जैसी सादगी वाली कविता को अंजाम दे पाये हैं। और सबसे बढ़ कर यह बात कि गुलज़ार लगातार हमें अपने साथ ले चलने के लिए वहीं से आवाज़ देते रहे हैं। ऐसी आवाज़, जो हर एक इन्सान के संघर्ष की पुकार बन जाती है। ऐसी आवाज़, जो एक अलमस्त जुलाहा अपनी ताना और भरनी को कसते हुए अपने भीतर बैठे हुए सच्चे यार को पुकार कर ही सम्भव बनाता है। ऐसा न होता, तो वह कभी न कह पाते -

काले घर में सूरज रख के,
तुमने शायद सोचा था, मेरे सब मोहरे पिट जायेंगे,
मैंने एक चिराग़ जला कर,
अपना रस्ता खोल लिया
तुमने एक समन्दर हाथ में ले कर, मुझ पर ठेल दिया

मैंने नूह की कश्ती उसके ऊपर रख दी
काल चला तुमने, और मेरी जानिब देखा
मैंने काल को तोड़ के लम्हा-लम्हा जीना सीख लिया।

❖ ❖ ❖ ❖

'यार-जुलाहे' संग्रह को प्रख्यात चित्रकार श्री गोपी गजवानी ने जिस आत्मीयता और उल्लास के साथ अपने रेखांकनों और ड्रॉइंग से सजाया है, उसे व्यक्त करने के लिए मेरे पास शब्द नहीं हैं। मैं उनका हार्दिक आभारी हूँ कि उन्होंने इसके संयोजन में दिलचस्पी दिखायी। इस पुस्तक के संयोजन और प्रकाशन की जब योजना बनी थी, तब से श्री गजवानी की सहजता और मार्गदर्शन दोनों ही मुझे मिलते रहे; जिसके फलस्वरूप इतने सुन्दर रूप में यह संग्रह आपके *सामने* है।

-यतीन्द्र मिश्र

राजसदन, अयोध्या
उत्तर प्रदेश
10.04.2008

मुझको भी तरकीब सिखा कोई, यार जुलाहे

मुझको भी तरकीब सिखा कोई, यार जुलाहे!

अक्सर तुझको देखा है कि ताना बुनते
जब कोई तागा टूट गया या ख़त्म हुआ
फिर से बाँध के
और सिरा कोई जोड़ के उसमें
आगे बुनने लगते हो
तेरे इस ताने में लेकिन
इक भी गाँठ गिरह बुनतर की
देख नहीं सकता है कोई

मैंने तो इक बार बुना था एक ही रिश्ता
लेकिन उसकी सारी गिरहें
साफ़ नज़र आती हैं मेरे यार जुलाहे!

शहतूत की शाख़ पे

शहतूत की शाख़ पे बैठा कोई
बुनता है रेशम के तागे
लम्हा-लम्हा खोल रहा है
पत्ता-पत्ता बीन रहा है
एक-एक साँस बजा कर सुनता है सौदाई
एक-एक साँस को खोल के अपने तन पर लिपटाता जाता है

अपनी ही साँसों का क़ैदी
रेशम का यह शायर इक दिन
अपने ही तागों में घुट कर मर जायेगा।

मुझसे इक नज़्म का वादा है

मुझसे इक नज़्म का वादा है, मिलेगी मुझको
डूबती नब्ज़ों में जब दर्द को नींद आने लगे
ज़र्द-सा चेहरा लिये चाँद उफ़क़ पर पहुँचे
दिन अभी पानी में हो, रात किनारे के करीब,
न अँधेरा, न उजाला हो, यह न रात, न दिन

जिस्म जब ख़त्म हो और रूह को जब साँस आये
मुझसे इक नज़्म का वादा है, मिलेगी मुझको।

देखो, आहिस्ता चलो

देखो, आहिस्ता चलो, और भी आहिस्ता ज़रा
देखना, सोच-सँभल कर ज़रा पाँव रखना
ज़ोर से बज न उठे पैरों की आवाज़ कहीं
काँच के ख़्वाब हैं बिखरे हुए तन्हाई में
ख़्वाब टूटे न कोई, जाग न जाये देखो

जाग जायेगा कोई ख़्वाब तो मर जायेगा।

वो जो शायर था

वो जो शायर था, चुप-सा रहता था
बहकी-बहकी-सी बातें करता था
आँखें कानों पे रखके सुनता था
गूँगी ख़ामोशियों की आवाज़ें
जमा करता था चाँद के साये
गीली-गीली-सी नूर की बूँदें
ओक में भर के खड़खड़ाता था
रूखे-रूखे-से रात के पत्ते
वक़्त के इस घनेरे जंगल में
कच्चे-पक्के-से लम्हे चुनता था

हाँ, वही वो अजीब-सा शायर
रात को उठके कोहनियों के बल
चाँद की ठोड़ी चूमा करता था

चाँद से गिरके मर गया है वो
लोग कहते हैं ख़ुदकुशी की है।

अलाव

रात भर सर्द हवा चलती रही
रात भर हमने
अलाव तापा
मैंने माज़ी से कई ख़ुश्क-सी शाख़ें काटीं
तुमने भी गुज़रे हुए लम्हों के पत्ते तोड़े
मैंने जेबों से निकालीं सभी सूखी नज़्में
तुमने भी हाथों से मुरझाये हुए ख़त खोले
अपनी इन आँखों से मैंने कई माँजे तोड़े
और हाथों से कई बासी लकीरें फेंकीं
तुमने पलकों पे नमी सूख गयी थी सो गिरा दी
रात भर जो मिला उगते बदन पर हमको
काट के डाल दिया जलते अलाव में उसे

रात भर फूँकों से हर लौ को जगाये रखा
और दो जिस्मों के ईंधन को जलाये रखा
रात भर बुझते हुए रिश्ते को तापा हमने।

वक़्त-1

मैं उड़ते हुए पंछियों को डराता हुआ
कुचलता हुआ घास की कलगियाँ
गिराता हुआ गर्दनें इन दरख़्तों की, छुपता हुआ
जिनके पीछे से
निकला चला जा रहा था वह सूरज
त'आकुब में था उसके मैं
गिरफ़्तार करने गया था उसे
जो ले के मेरी उम्र का एक दिन भागता जा रहा था।

अभी न पर्दा गिराओ

अभी न पर्दा गिराओ, ठहरो, कि दास्ताँ आगे और भी है
अभी न पर्दा गिराओ, ठहरो!
अभी तो टूटी है कच्ची मिट्टी, अभी तो बस जिस्म ही गिरे हैं
अभी तो किरदार ही बुझे हैं।
अभी सुलगते हैं रूह के ग़म, अभी धड़कते हैं दर्द दिल के
अभी तो एहसास जी रहा है।

यह लौ बचा लो जो थक के किरदार की हथेली से गिर पड़ी है
यह लौ बचा लो यहीं से उठेगी जुस्तजू फिर बगूला बन कर
यहीं से उठेगा कोई किरदार फिर इसी रोशनी को ले कर
कहीं तो अंजाम-ए-जुस्तजू के सिरे मिलेंगे
अभी न पर्दा गिराओ, ठहरो!

बस्ता फेंक के

बस्ता फेंक के लोची भागा रोशनआरा बाग़ की जानिब
चिल्लाता : 'चल गुड्डी चल,
पक्के जामुन टपकेंगे'

आँगन की रस्सी से माँ ने कपड़े खोले
और तन्दूर पे लाके टीन की चादर डाली

सारे दिन के सूखे पापड़
लच्छी ने लिपटायी चादर
'बच गयी रब्बा, किया-कराया धुल जाना था'

ख़ैरू ने अपने खेतों की सूखी मिट्टी
झुर्रियों वाले हाथ में ले कर
भीगी-भीगी आँखों से फिर ऊपर देखा

झूम के फिर उट्ठे हैं बादल
टूट के फिर मेंह बरसेगा।

गोल फूला हुआ

गोल फूला हुआ सूरज का गुब्बारा थक कर
एक नुकीली पहाड़ी यूँ जाके टिका है
जैसे उँगली पे मदारी ने उठा रक्खा हो गोला
फूँक से ठेलो तो पानी में उतर जायेगा

भक से फट जायेगा फूला हुआ सूरज का गुब्बारा
छन-से बुझ जायेगा इक और दहकता हुआ दिन।

किताबें

किताबें झाँकती हैं बन्द अलमारी के शीशों से
बड़ी हसरत से तकती हैं
महीनों अब मुलाकातें नहीं होतीं
जो शामें इन की सोहबत में कटा करती थीं
अब अक्सर....
गुज़र जाती हैं 'कम्प्यूटर' के पर्दों पर
बड़ी बेचैन रहती हैं किताबें...
इन्हें अब नींद में चलने की आदत हो गयी है
बड़ी हसरत से तकती हैं,
जो क़दरें वो सुनाती थीं,
कि जिनके 'सेल' कभी मरते नहीं थे
वो क़दरें अब नज़र आतीं नहीं घर में
जो रिश्ते वो सुनाती थीं
वह सारे उधड़े-उधड़े हैं
कोई सफ़ा पलटता हूँ तो इक सिसकी निकलती है
कई लफ़्ज़ों के मानी गिर पड़े हैं
बिना पत्तों के सूखे ठूँठ लगते हैं वो सब अल्फ़ाज़
जिन पर अब कोई मानी नहीं उगते
बहुत-सी इस्तलाहें हैं
जो मिट्टी के सकोरों की तरह बिखरी पड़ी हैं
गिलासों ने उन्हें मतरूक कर डाला

जुबान पर ज़ायका आता था जो सफ़्हे पलटने का
अब उँगली 'क्लिक' करने से बस इक
झपकी गुज़रती है
बहुत कुछ तह-ब-तह खुलता चला जाता है परदे पर
किताबों से जो ज़ाती राब्ता था, कट गया है
कभी सीने पे रख के लेट जाते थे
कभी गोदी में लेते थे,
कभी घुटनों को अपने रिहल की सूरत बना कर
नीम-सजदे में पढ़ा करते थे, छूते थे जबीं से
वो सारा इल्म तो मिलता रहेगा आइन्दा भी
मगर वो जो किताबों में मिला करते थे सूखे फूल
और महके हुए रुक़्के
किताबें माँगने, गिरने, उठाने के बहाने रिश्ते बनते थे
उनका क्या होगा?
वो शायद अब नहीं होंगे!

ये गोल सिक्के

ये गोल सिक्के, दमकते हुए खनकते हुए
किसी पे मोहरा हुआ राजा का चेहरा
किसी पे मोहरी हुई रानी की तस्वीर

हर एक की पुश्त पे औक़ात सबकी लिखी है
ये हाथों-हाथ लिये जाते हैं जहाँ जायें

बचा के रखना यह मोहरा हुआ चेहरा
यह मिट गया तो गिने जाओगे खोटे सिक्कों में।

सुबह से शाम हुई

सुबह से शाम हुई और हिरन मुझको छलावे देता
सारे जंगल में परेशान किये घूम रहा है अब तक
उसकी गर्दन के बहुत पास से गुज़रे हैं कई तीर मेरे
वो भी अब उतना ही होशियार है जितना मैं हूँ

इक झलक दे के जो गुम होता है वो पेड़ों में,
मैं वहाँ पहुँचूं तो टीले पे, कभी चश्मे के उस पार नज़र आता है
वो नज़र रखता है मुझ पर
मैं उसे आँख से ओझल नहीं होने देता
कौन दौड़ाये हुए है किसको?
कौन अब किसका शिकारी है, पता ही नहीं चलता
सुबह उतरा था मैं जंगल में
तो सोचा था कि इस शोख़ हिरन को
नेज़े की नोक पे परचम की तरह तान के मैं शहर में
दाख़िल हूँगा
दिन मगर ढलने लगा है
दिल में इक ख़ौफ़-सा बैठ रहा है
कि बिलआख़िर ये हिरन ही
मुझे सींगों पर उठाये हुए इक ग़ार में दाख़िल होगा।

फ़सादात

आग का पेट बड़ा है!
आग को चाहिए हर लहज़ा चबाने के लिए
खुश्क करारे पत्ते,
आग कर लेती है तिनकों पे गुज़ारा लेकिन....
आशियानों को निगलती है निवालों की तरह,
आग को सब्ज़ हरी टहनियाँ अच्छी नहीं लगतीं,
ढूँढती है कि कहीं सूखे हुए जिस्म मिलें!

उसको जंगल की हवा रास बहुत है फिर भी,
अब ग़रीबों की कई बस्तियों पर देखा है हमला करते,
आग अब मन्दिर-मस्जिद की ग़िज़ा खाती है!
लोगों के हाथों में अब आग नहीं....
आग के हाथों में कुछ लोग हैं अब।

लिबास

मेरे कपड़ों में टँगा है तेरा ख़ुशरंग लिबास
घर पे धोता हूँ मैं हर बार उसे,
और सुखा के फिर से,
अपने हाथों से उसे इस्त्री करता हूँ मगर,
इस्त्री करने से जाती नहीं शिकनें उसकी,
और धोने से गिले-शिकवों के चकत्ते नहीं मिटते!

ज़िन्दगी किस क़दर आसाँ होती
रिश्ते गर होते लिबास....
और बदल लेते क़मीज़ों की तरह!

दिल ढूँढता है

दिल ढूँढता है फिर वही फुर्सत के रात-दिन,
बैठे रहें तसव्वर-ए-जानाँ किये हुए
-ग़ालिब

'दिल ढूँढता है फिर वही फुर्सत के रात-दिन'
जाड़ों की नर्म धूप और आँगन में लेट....कर
आँखों पे खींच कर तेरे आँचल के साये को
औंधे पड़े रहें, कभी करवट लिये हुए।

या गर्मियों की रात जब पुरवाइयाँ चलें
ठण्डे सफ़ेद बिस्तर पर जागें देर तक
तारों को देखते रहें छत पर पड़े हुए

बर्फ़ीली सर्दियों की किसी रात में कभी
जा कर उसी पहाड़ के कोने में बैठ कर
वादी में गूँजती हुई ख़ामोशियाँ सुनें

'दिल ढूँढता है फिर वही फुर्सत के रात-दिन
बैठे रहें तसव्वर-ए-जानाँ किये हुए'

चार तिनके उठा के

चार तिनके उठा के जंगल से
एक बाली अनाज की ले कर
चन्द क़तरे-से बासी अश्कों के
चन्द फ़ाक़े बुझे हुए लब पर
मुट्ठी भर अपनी क़ब्र की मिट्टी
मुट्ठी भर आरज़ुओं का गारा
एक तामीर की लिये हसरत
तेरा ख़ानाबदोश बेचारा
शहर में दर-ब-दर भटकता है

तेरा कन्धा मिले तो सर टेकूँ।

ख़ुदा

पूरे-का-पूरा आकाश घुमा कर बाज़ी देखी मैंने
काले घर में सूरज रख के,
तुमने शायद सोचा था, मेरे सब मोहरे पिट जायेंगे,
मैंने एक चिराग़ जला कर,
अपना रस्ता खोल लिया

तुमने एक समन्दर हाथ में ले कर, मुझ पर ठेल दिया
मैंने नूह की कश्ती उसके ऊपर रख दी
काल चला तुमने और मेरी जानिब देखा
मैंने काल को तोड़ के लम्हा-लम्हा जीना सीख लिया

मेरी ख़ुदी को तुमने चन्द चमत्कारों से मारना चाहा,
मेरे इक प्यादे ने तेरा चाँद का मोहरा मार लिया -

मौत की शह दे कर तुमने समझा अब तो मात हुई,
मैंने जिस्म का ख़ोल उतार के सौंप दिया
और रूह बचा ली

पूरे-का-पूरा आकाश घुमा कर अब तुम देखो बाज़ी।

चाँदघर

कितना अर्सा हुआ कोई उम्मीद जलाये,
कितनी मुद्दत हुई किसी क़न्दील में जलती रौशनी रखे!

चलते-फिरते इस सुनसान हवेली में,
तन्हाई से ठोकर खा के,
कितनी बार गिरा हूँ मैं।

चाँद अगर निकले तो अब इस घर में रौशनी होती है,
वरना अँधेरा रहता है !

भमीरी

हम सब भाग रहे थे
रिफ़्यूजी थे
माँ ने जितने ज़ेवर थे, सब पहन लिये थे
बाँध लिये थे...
छोटी मुझसे...छह सालों की,
दूध पिलाके, ख़ूब खिलाके, साथ लिया था
मैंने अपनी एक 'भमीरी' और इक 'लट्टू'
पाजामे में उड़स लिया था
रात-की-रात हम गाँव छोड़ कर भाग रहे थे
रिफ़्यूजी थे...
आग धुएँ और चीख़-पुकार के जंगल से गुज़रे थे सारे
हम सब-के-सब घोर धुएँ में भाग रहे थे
हाथ किसी आँधी की आँतें फाड़ रहे थे
आँखें अपने जबड़े खोले भौंक रही थीं
माँ ने दौड़ते-दौड़ते ख़ून की कै़ कर दी थी!
जाने कब छोटी का मुझसे छूटा हाथ
वहीं उसी दिन फेंक आया था अपना बचपन...
लेकिन मैंने सरहद के सन्नाटों के सहराओं में अक्सर देखा है
एक 'भमीरी' अब भी नाचा करती है
और इक 'लट्टू' अब भी घूमा करता है...

दीना में...

बड़ी-सी एक लड़की थी
मेरा बस्ता पकड़ के, और दरवाज़े के पीछे
खींच कर मुझको,
मेरे बस्ते से उसने 'गाचनी' मिट्‌टी चुरायी थी,
कुतर के दाँत से वो मुस्कुरायी थी।
मेरे गालों पे 'पप्पी' ले के बोली थी,
"मुझे दे-दे ये मिट्‌टी,
मुझको तख़्ती पोत कर इक नाम लिखना है।"
"वो कोई हामिला होगी," मुझे माँ ने बताया था

मैं शायद छह बरस का था!
मैं अब छप्पन बरस का हूँ
मैं अब भी हामिला हूँ याद से उसकी,
वो लड़की अब भी मुझको याद आती है!!

हमदम

मोड़ पे देखा है वह बूढ़ा-सा इक पेड़ कभी ?
मेरा वाक़िफ़ है, बहुत सालों से मैं उसे जानता हूँ

जब मैं छोटा था तो इक आम उड़ाने के लिए
परली दीवार से कन्धों पे चढ़ा था उसके
जाने दुखती हुई किस शाख़ से जा पाँव लगा
धाड़ से फेंक दिया था मुझे नीचे उसने
मैंने खुन्नस में बहुत फेंके थे पत्थर उस पर

मेरी शादी पे मुझे याद है शाख़ें दे कर
मेरी वेदी का हवन गर्म किया था उसने

और जब हामिला थी 'बीबा' तो दोपहर गें हर दिन
मेरी बीवी की तरफ़ कैरियाँ फेंकी थीं इसी ने

वक़्त के साथ सभी फूल, सभी पत्ते गये
तब भी जल जाता था जब मुन्ने से कहती 'बीबा'
'हाँ, उसी पेड़ से आया है तू, पेड़ का फल है,'

अब भी जल जाता हूँ, जब मोड़ गुज़रते में कभी
खाँस कर कहता है, 'क्यों, सर के सभी बाल गये?'

सुबह से काट रहे हैं वो कमेटी वाले
मोड़ तक जाने की हिम्मत नहीं होती मुझको।

मैं कायनात में

मैं कायनात में, सय्यारों में भटकता था
धुएँ में धूल में उलझी हुई किरन की तरह
मैं इस ज़मीं पे भटकता रहा हूँ सदियों तक
गिरा है वक़्त से कट कर जो लम्हा, उसकी तरह
वतन मिला तो गली के लिए भटकता रहा
गली में घर का निशाँ ढूँढता रहा बरसों
तुम्हारी रूह में अब, जिस्म में भटकता हूँ

लबों से चूम लो, आँखों से थाम लो मुझको
तुम्हारी कोख से जनमूँ तो फिर पनाह मिले।

सितारे लटके हुए हैं

सितारे लटके हुए हैं तागों से आस्माँ पर
चमकती चिनगारियाँ-सी चकरा रहीं आँखों की पुतलियों में
नज़र पे चिपके हुए हैं कुछ चिकने-चिकने से रोशनी के धब्बे
जो पलकें मूँदूँ तो चुभने लगती हैं रोशनी की सफ़ेद किरचें

मुझे मेरे मख़मली अँधेरों की गोद में डाल दो उठा कर
चटकती आँखों पे घुप अँधेरों के फाहे रख दो
यह रोशनी का उबलता लावा न अन्धा कर दे।

आदमी बुलबुला है

आदमी बुलबुला है पानी का
और पानी की बहती सतह पर
टूटता भी है, डूबता भी है
फिर उभरता है, फिर से बहता है

न समन्दर निगल सका इसको
न तवारीख़ तोड़ पायी है

वक़्त की हथेली पर बहता
आदमी बुलबुला है पानी का।

आज फिर चाँद की पेशानी से

आज फिर चाँद की पेशानी से उठता है धुआँ
आज फिर महकी हुई रात में जलना होगा

आज फिर सीने में उलझी हुई वज़नी साँसें
फटके बस टूट ही जायेंगी बिखर जायेंगी
आज फिर जागते गुज़रेगी तेरे ख़्वाब में रात

आज फिर चाँद की पेशानी से उठता है धुआँ।

मर्सिया

क्या लिये जाते हो तुम कन्धों पे यारो
इस जनाज़े में तो कोई भी नहीं है,
दर्द है कोई, न हसरत है, न ग़म है
मुस्कुराहट की अलामत है न कोई आह का नुक़्ता
और निगाहों की कोई तहरीर न आवाज़ का कतरा
क़ब्र में क्या दफ़्न करने जा रहे हो?

सिर्फ़ मिट्टी है ये मिट्टी-
मिट्टी को मिट्टी में दफ़नाते हुए
रोते हो क्यों?

आँसू

सुना है मिट्टी-पानी का अज़ल से एक रिश्ता है,
जड़ें मिट्टी में लगती हैं....
जड़ों में पानी रहता है।

तुम्हारी आँख से आँसू का गिरना था कि
दिल में दर्द भर आया,
ज़रा से बीज से कोंपल निकल आयी!!
जड़ें मिट्टी में लगती हैं,
जड़ों में पानी रहता है!!

गुफ़्तगू

कभी-कभी, जब मैं बैठ जाता हूँ
अपनी नज़्मों के सामने निस्फ़ दायरे में
मिज़ाज पूछूँ
कि एक शायर के साथ कटती है किस तरह से?
वो घूर के देखती हैं मुझ को
सवाल करती हैं! उनसे मैं हूँ ?
या मुझसे हैं वो ?
वो सारी नज़्में, कि मैं समझता हूँ वो मेरे
'जीन' से हैं लेकिन
वो यूँ समझती हैं उनसे है मेरा नाक-नक़्शा
ये शक्ल उनसे मिली है मुझको !

मिज़ाज पूछूँ मैं क्या? कि इक नज़्म आगे आती है
छू के पेशानी पूछती है-
"बताओ गर इन्तिशार है कोई सोच में तो ?
मैं पास बैठूँ ?
मदद करूँ और बीन दूँ उलझनें तुम्हारी ?"
"उदास लगते हो," एक कहती है पास आ कर
"जो कह नहीं सकते तुम किसी को
तो मेरे कानों में डाल दो राज़
अपनी सरगोशियों के, लेकिन,
गर इक सुनेगा, तो सब सुनेंगे!"

भड़क के कहती है एक नाराज़ नज़्म मुझसे
"मैं कब तक अपने गले में लूँगी तुम्हारी
आवाज़ की ख़राशें?"
इक और छोटी-सी नज़्म कहती है
"पहले भी कह चुकी हूँ शायर,
चढ़ान चढ़ते अगर तेरी साँस फूल जाये
तो मेरे कन्धों पे रख दे, कुछ बोझ मैं उठा लूँ!"
वो चुप-सी इक नज़्म पीछे बैठी जो टकटकी बाँधे
देखती रहती है मुझे-बस,
न जाने क्या है उसकी आँखों का रंग
तुम पर चला गया है
अलग-अलग हैं मिज़ाज सब के
मगर कहीं न कहीं वो सारे मिज़ाज मुझमें बसे हुए हैं
मैं उनसे हूँ या....

मुझे ये एहसास हो रहा है
जब मैं उनको तख़लीक़ दे रहा था
वो मुझे तख़लीक़ दे रही थीं!!

ज़िन्दाँनामा

चाँद लाहौर की गलियों से गुज़र के इक शब
जेल की ऊँची फ़सीलें चढ़ के,
यूँ 'कमाण्डो' की तरह कूद गया था 'सेल' में,
कोई आहट न हुई,
पहरेदारों को पता ही न चला!

'फ़ैज़' से मिलने गया था, ये सुना है,
'फ़ैज़' से कहने, कोई नज़्म कहो,
वक़्त की नब्ज़ रुकी है!
कुछ कहो, वक़्त की नब्ज़ चले!!

कचहरियाँ

बरामदों के बाद फिर बरामदे,
बरामदे, कचहरियों के गिर्द घूमते हुए बरामदे

तवाफ़ करते, काले-काले चोंग़ों में,
जज़ा-ओ-जुर्म के ये सारे पादरी
लिये हुए हैं फ़ाइलों में नक़्शे जेलख़ानों के,
छुपे हुए हैं कोड़े और फन्दे फाँसियों के आस्तीनों में
उतर रहे हैं चढ़ रहे हैं
सर्कसों के तम्बुओं में, जिस तरह से झूलते हैं बाज़ीगर
सर पड़े हैं कुर्सियों पे मर्तबानों की तरह
नींद से भरे हुए
घड़ौंचियों पे लोग बैठे-बैठे ऊँघते हुए,
किताबें ताक पर लगी जुगाली कर रही हैं
दाँतों में फँसी दलीलों की
ये घेरा डाले, खोह-खोह खेलते बरामदे,
बरामदे, कचहरियों के गिर्द घूमते हुए बरामदे!!

समय

मैं खँडहरों की ज़मीं पे कब से भटक रहा हूँ

क़दीम रातों की टूटी क़ब्रों के मैले कुतबे
दिनों की टूटी हुई सलीबें गिरी पड़ी हैं
शफ़क़ की ठण्डी चिताओं से राख उड़ रही है
जगह-जगह गुर्ज़ वक़्त के चूर हो गये हैं
जगह-जगह ढेर हो गयी हैं अज़ीम सदियाँ
मैं खँडहरों की ज़मीं पे कब से भटक रहा हूँ

यहीं मुकद्दस हथेलियों से गिरी है मेंहदी
दियों की टूटी हुई लवें ज़ंग खा गयी हैं
यहीं पे माथों की रौशनी जलके बुझ गयी है
सपाट चेहरों के ख़ाली पन्ने खुले हुए हैं
हुरूफ़ आँखों के मिट चुके हैं

मैं खँडहरों की ज़मीं पे कब से भटक रहा हूँ
यहीं कहीं ज़िन्दगी के मानी गिरे हैं और गिरके खो गये हैं।

ईंधन

छोटे थे माँ उपले थापा करती थी
हम उपलों पर शक्लें गूँधा करते थे
आँख लगा कर, कान बना कर
नाक सजा कर
पगड़ी वाला टोपी वाला
मेरा उपला-
तेरा उपला-
अपने-अपने जाने-पहचाने नामों से
उपले थापा करते थे

हँसता-खेलता सूरज रोज़ सवेरे आ कर
गोबर के उपलों पे खेला करता था
रात को आँगन में जब चूल्हा जलता था
हम सारे चूल्हा घेर के बैठे रहते थे
किस उपले की बारी आयी
किसका उपला राख हुआ
वो पण्डित था-
इक मुन्ना था-
इक दशरथ था-

बरसों बाद मैं
श्मशान में बैठा सोच रहा हूँ
आज की रात इस वक्त के जलते चूल्हे में
इक दोस्त का उपला और गया!

खेत के सब्ज़े में

खेत के सब्ज़े में बेसुध पड़ी है दुबकी
एक पगडण्डी कुचली हुई अधमुई-सी लाश
तेज़ क़दमों के तले दर्द से कराहती है
दो किनारों पे जवाँ सिट्टों के चेहरे तक कर
चुप-सी रह जाती है यह सोच के बस

'यूँ मेरी कोख कुचल देते न राहगीर अगर
मेरे बेटे भी जवाँ हो गये होते अब तक
मेरी बेटी भी तो ब्याहने के क़ाबिल होती।'

दिल में ऐसे ठहर गये हैं ग़म

दिल में ऐसे ठहर गये हैं ग़म
जैसे जंगल में शाम के साये
जाते-जाते सहम के रुक जायें
मुड़के देखें उदास राहों पर
कैसे बुझते हुए उजालों में
दूर तक धूल-ही-धूल उड़ती है।

इस मोड़ से जाते हैं

इस मोड़ से जाते हैं कुछ सुस्त-क़दम रस्ते, कुछ तेज़-कदम राहें
पत्थर की हवेली को, शीशे के घरौंदों में, तिनकों के नशेमन तक
इस मोड़ से जाते हैं कुछ सुस्त-क़दम रस्ते, कुछ तेज़-कदम राहें

सहरा की तरफ जा कर, इक राह बगूलों में खो जाती है चकरा कर
रुक-रुक के झिलकती-सी, इक मौत की ठण्डी-सी वादी में उतरती है
इक राह उधड़ती-सी छिलती हुई काँटों से, जंगल से गुज़रती है-
इक दौड़ के जाती है और कूद के गिरती है, अनजानी ख़लाओं में

उस मोड़ पे बैठा हूँ जिस मोड़ से जाती हैं, हर-एक तरफ़ राहें
इक रोज़ तो यूँ होगा, इस मोड़ पे आ कर तुम
रुक जाओगी, कह दोगी
वह कौन-सा रस्ता है
जिस राह पे जाना है।

ग़ालिब

बल्लीमाराँ के मोहल्लों की वो पेचीदा दलीलों की-सी गलियाँ
सामने टाल के नुक्कड़ पे, बटेरों के क़सीदे
गुड़गुड़ाती हुई पान की पीकों में वह दाद, वह वाह-वा
चन्द दरवाज़ों पे लटके हुए बोसीदा-से कुछ टाट के परदे
एक बकरी के मिमियाने की आवाज़
और धुँधलायी हुई शाम के बेनूर अँधेरे
ऐसे दीवारों से मुँह जोड़ के चलते हैं यहाँ
चूड़ीवालान के कटरे की 'बड़ी बी' जैसे
अपनी बुझती हुई आँखों से दरवाज़े टटोले
इसी बेनूर अँधेरी-सी गली क़ासिम से
एक तरतीब चराग़ों की शुरू होती है
एक कुरान-ए-सुख़न का सफ़ा खुलता है
'असद उल्लाह ख़ाँ ग़ालिब' का पता मिलता है

कन्धे झुक जाते हैं

कन्धे झुक जाते हैं जब बोझ से इस लम्बे सफ़र के
हाँप जाता हूँ मैं जब चढ़ते हुए तेज़ चढ़ानें
साँसें रह जाती हैं जब सीने में इक गुच्छा-सा हो कर
और लगता है कि दम टूट ही जायेगा यहीं पर

एक नन्ही-सी मेरी नज़्म मेरे सामने आ कर
मुझसे कहती है मेरा हाथ पकड़ कर, मेरे शायर
ला, मेरे कन्धों पर रख दे, मैं तेरा बोझ उठा लूँ।

एक और दिन

ख़ाली डिब्बा है फ़क़त, खोला हुआ, चीरा हुआ
यूँ ही दीवारों से भिड़ता हुआ, टकराता हुआ
बेवजह सड़कों पे बिखरा हुआ, फैलाया हुआ
ठोकरें खाता हुआ ख़ाली लुढ़कता डिब्बा

यूँ भी होता है कोई ख़ाली-सा बेकार-सा दिन
ऐसा बेरंग-सा बेमानी-सा बेनाम-सा दिन।

विरासत

अपनी मर्ज़ी से तो मज़हब भी नहीं उसने चुना था
उसका मज़हब था जो माँ-बाप से ही उसने विरासत में लिया था

अपने माँ-बाप चुने कोई ये मुमकिन ही कहाँ है ?
मुल्क में मर्ज़ी थी उसकी, न वतन उसकी रज़ा से
ये वतन उसका चुनाव तो नहीं था।

वो तो कुल नौ ही बरस का था उसे क्यूँ चुन कर
फ़िरकावाराना फ़सादात ने कल क़त्ल किया...।

एक मंज़र...

ये मंज़र पहले देखा है!
फ़ौज की फ़ौज खड़ी है जम कर
बन्दूकें ताने कन्धों पर
और हुजूम इक लोगों का, बाँहें लहराता
शायद उन्नीस सौ उन्नीस और अमृतसर है
जलियाँवाला बाग़ से मिलता-जुलता है,

या उन्नीस सौ छत्तीस में लाहौर का मंज़र,
तहरीके आज़ादी के उस सालाना जलसे का दिन है!
इस तस्वीर में कितना कुछ जाना-पहचाना-सा लगता है,
इन लोगों के चेहरे भी पहचाने-से हैं,
इन चेहरों पर मायूसी और गुस्से की तहरीरें भी,
इनकी उम्रें, इनके जज़्बे,
मैं उन सब से वाक़िफ़ हूँ !
हो सकता है, सन उन्नीस सौ बयालीस था, और इलाहाबाद था
चौक के बीचों-बीच बने इस गोल जज़ीरे के जँगले में,
फ़ौज की फ़ौज खड़ी थी जम कर,
दायरा खींचे, बन्दूकें ताने कन्धों पर,
और हुजूम इक लोगों का, बाँहें लहराता
बल्ली-बल्ली हाथ उछलते हुए हवा में मुट्ठियाँ भींचे,
लोगों के हाथों में तब भी
ऐसा ही इक झण्डा था -

नारों की आवाज़ यही थी,
इसी तरह से चली थी गोली,
इसी तरह कुछ लोग गिरे थे,
इसी सड़क पर ख़ून बहा था !

चौक के बीचों-बीच मगर, उस लोहे के जँगले के अन्दर,
इक अंग्रेज़ का बुत था पहले,
अब, गाँधी की मूर्ति है।

लेकिन अब तो....
सन उन्नीस सौ बानबे है !!

क़ब्रिस्तान

क़ब्रिस्तान है, क़ब्रिस्तान से गुज़रो तो आहिस्ता बोलो।
क़ब्रिस्तान में इतना ऊँचा बोलने का दस्तूर नहीं है-
क़ब्रिस्तान से गुज़रो तो पैरों की आहट मद्धम कर लो-
चलती-फिरती आवाज़ों से मुर्दों को ज़हमत होती है-
साकित मुर्दे, साकित रहना चाहते हैं
करवट लेना मुर्दों के अतवार नहीं हैं।
क़ब्रिस्तान है,
क़ब्रिस्तान में ठहरो तो क़ब्रों के कुताबों पर न
अपनी कोहनी रख के टेक लगाना-
नाम लिखे हैं, और तारीख़ें,
बोझ पड़े तो गिर पड़ते हैं-
क़ब्रिस्तान है, क़ब्रिस्तान से आहिस्ता-आहिस्ता गुज़रो-
कोई क़ब्र हिले ना जागे,
लोग अपने-अपने जिस्मों की क़ब्रों में बस मिट्टी
ओढ़े दफ़्न पड़े हैं!

इक इमारत

इक इमारत
है सराय शायद,
जो मेरे सर में बसी है
सीढ़ियाँ चढ़ते-उतरते हुए जूतों की धमक
बजती है सर में
कोनों-खुदरों में खड़े लोगों की सरगोशियाँ
सुनता हूँ कभी।
साज़िशें, पहने हुए काले लबादे सर तक,
उड़ती हैं, भूतिया महलों में उड़ा करती हैं
चमगादड़ें जैसे।
इक महल है शायद!
साज़ के तार चटख़ते हैं नसों में
कोई खोलके आँखें,
पत्तियाँ पलकों की झपकाके बुलाता है किसी को !
चूल्हे जलते हैं तो महकी हुई 'गन्दुम' के धुएँ में,
खिड़कियाँ खोल के कुछ चेहरे मुझे देखते हैं!
और सुनते हैं जो मैं सोचता हूँ !

एक, मिट्टी का घर है
इक गली है, जो फ़क़त घूमती ही रहती है
शहर है कोई, मेरे सर में बसा है शायद !

बिमल रॉय

शाम के कोहरे में बहता हुआ ख़ामोश नदी का चेहरा
गन्दुमी कोहरे में जलते हुए आँखों के चिराग़
इक लगातार सुलगता हुआ सिगरेट का धुआँ
नींद में डूबी हुई दूर की मद्धम आवाज़

अजनबी ख़्वाबों के उड़ते हुए सायों के तले
नक़्श चेहरे के, पिघलती हुई मोम की मानिन्द
हर नये ख़्वाब की धुन सुनके बदल जाते हैं
ऐसा लगता है न सोयेगा, न जागेगा, न बोलेगा कभी
शाम के कोहरे में बहता हुआ ख़ामोश नदी का चेहरा।

साहिल

चौक से चल कर, मण्डी से, बाज़ार से हो कर
लाल गली से गुज़री है, काग़ज़ की कश्ती
बारिश के लावारिस पानी में बैठी बेचारी कश्ती
शहर की आवारा गलियों में सहमी-सहमी पूछ रही है
कश्ती का साहिल होता है
मेरा भी कोई साहिल होगा

एक मासूम-से बच्चे ने
बेमानी को मानी दे कर
रद्दी के काग़ज़ पर कैसा ज़ुल्म किया है।

बर्फ़ पिघलेगी

बर्फ़ पिघलेगी जब पहाड़ों से
और वादी से कोहरा सिमटेगा
बीज अँगड़ाई लेके जागेंगे
अपनी अलसायी आँखें खोलेंगे
सब्ज़ा बह निकलेगा ढलानों पर

ग़ौर से देखना बहारों में
पिछले मौसम के भी निशाँ होंगे
कोंपलों की उदास आँखों में
आँसुओं की नमी बची होगी।

शफ़क़

रोज़ साहिल पे खड़े होके यही देखा है
शाम का पिघला हुआ सुर्ख़-सुनहरी रोग़न
रोज़ मटियाले-से पानी में यह घुल जाता है

रोज़ साहिल पे खड़े होके यही सोचा है
मैं जो पिघली हुई रंगीन शफ़क़ का रोग़न
पोंछ लूँ हाथों पे और चुपके से इक बार कभी
तेरे गुलनार-से रुखसारों पे छप-से मल दूँ

शाम का पिघला हुआ सुर्ख़-सुनहरी रोग़न।

दस्तक

सुबह-सुबह इक ख़्वाब की दस्तक पर दरवाज़ा खोला, देखा
सरहद के उस पार से कुछ मेहमान आये हैं
आँखों से मानूस थे सारे
चेहरे सारे सुने-सुनाये
पाँव धोये, हाथ धुलाये
आँगन में आसन लगवाये...
और तन्दूर पे मक्की के कुछ मोटे-मोटे रोट पकाये
पोटली में मेहमान मेरे।
पिछले सालों की फ़सलों का गुड़ लाये थे

आँख खुली तो देखा घर में कोई नहीं था
हाथ लगा कर देखा तो तन्दूर अभी तक बुझा नहीं था
और होंटों पर मीठे गुड़ का ज़ायक़ा अब तक चिपक रहा था

ख़्वाब था शायद!
ख़्वाब ही होगा!!
सरहद पर कल रात, सुना है, चली थी गोली
सरहद पर कल रात, सुना है
कुछ ख़्वाबों का ख़ून हुआ था।

पंचम*

याद है बारिशों का दिन पंचम
जब पहाड़ी के नीचे वादी में,
धुन्ध से झाँक कर निकलती हुई,
रेल की पटरियाँ गुज़रती थीं!

धुन्ध में ऐसे लग रहे थे हम,
जैसे दो पौधे पास बैठे हों।
हम बहुत देर तक वहाँ बैठे,
उस मुसाफ़िर का ज़िक्र करते रहे,
जिसको आना था पिछली शब, लेकिन
उसकी आमद का वक़्त टलता रहा !

देर तक पटरियों पे बैठे हुए
ट्रेन का इन्तज़ार करते रहे।
ट्रेन आयी, न उसका वक़्त हुआ,
और तुम यूँ ही दो क़दम चल कर,
धुन्ध पर पाँव रख के चल भी दिये

मैं अकेला हूँ धुन्ध में पंचम!!

* आर.डी. वर्मन

आईना

ये आईना बोलने लगा है,
मैं जब गुज़रता हूँ सीढ़ियों से,
ये बातें करता है-आते-जाते में पूछता है
''कहाँ गयी वह फतुई तेरी-
ये कोट नेक-टाई तुझ पे फबती नहीं,
ये मसनूई लग रही है-''
ये मेरी सूरत पे नुक़्ताचीनी तो ऐसे करता है
जैसे मैं उसका अक्स हूँ-
और वो जायज़ा ले रहा है मेरा।
''तुम्हारा माथा कुशादा होने लगा है लेकिन,
तुम्हारे 'आईब्रो' सिकुड़ रहे हैं-
तुम्हारी आँखों का फ़ासला कमता जा रहा है-
तुम्हारे माथे की बीच वाली शिकन बहुत गहरी हो गयी है-''
कभी-कभी बेतकल्लुफ़ी से बुला के कहता है!
''यार भोलू-
तुम अपने दफ़्तर की मेज़ की दाहिनी तरफ़ की दराज़ में रख के
भूल आये हो मुस्कुराहट,
जहाँ पे पोशीदा एक फ़ाइल रखी थी तुमने
वो मुस्कुराहट भी अपने होंटों पे चस्पाँ कर लो,''

इस आईने को पलट के दीवार की तरफ़ भी लगा चुका हूँ-
ये चुप तो हो जाता है मगर फिर भी देखता है-
ये आईना देखता बहुत है !
ये आईना बोलता बहुत है !!

थर्ड वर्ल्ड

जिस बस्ती में आग लगी थी कल की रात
उस बस्ती में मेरा कोई नहीं रहता था!

औरतें, बच्चे, मर्द कई, और उम्र-रसीदा लोग सभी
वो जिनके सर पे शोले और शहतीर गिरे,
उनमें मेरा कोई नहीं था-

एक स्कूल जो कच्चा-पक्का था, और बनते-बनते ख़ाक हुआ,
जिसके मलबे में वो सब कुछ दफ़्न हुआ,
जो उस बस्ती का मुस्तक़बिल कहलाता था-

उस स्कूल में-
मेरे घर से कोई कभी पढ़ने न गया
और न अब जाता था,
मेरी कोई दुकान नहीं थी
मेरा कोई सामान नहीं था
दूर-ही-दूर से देख रहा था,
कैसे कुछ ख़ुफ़िया हाथों ने जा कर आग लगायी थी-

जब से देखा है, ये ख़ौफ़ बसा है दिल में,
मेरी बस्ती भी वैसी ही एक तरक़्क़ी करती, बढ़ती बस्ती है,
और तरक़्क़ीयाफ़्ता कुछ लोगों को ऐसी
कोई बात पसन्द नहीं!!

सलिल चौधरी

कँपकँपाती हुई तालाब के पानी की सतह
सूत के तागों से बाँधे हुए सैलाब का शोर
हल्की सी ज़रब से झन्नाके बज उठते हैं
तेज़ चाकू के तराशे हुए चेहरे के नुकूश
मुज़्तरिब चेहरे पे उड़ते हुए आँखों के हुरूफ़
इक तजस्सुस में हैं, लगता है किसी पल भी
जैसे इस सफ़े से घबरा के ये उड़ जायेंगे

अपने ही आप से उलझी हुई परवाज़ की रफ़्तार
अपने ही आप से घबरा के न छुट जाये कहीं
अपने ही आप से हारी हुई रफ़्तार की परवाज़।

मुझको इतने से काम पे रख लो

मुझको इतने-से काम पे रख लो

जब भी सीने में झूलता लॉकेट
उल्टा हो जाये तो मैं हाथों से
सीधा करता रहूँ उसको

जब भी आवेज़ा उलझे बालों में
मुस्कुरा के बस इतना-सा कह दो
'आह, चुभता है यह, अलग कर दो।'

जब ग़रारे में पाँव फँस जाये
या दुपट्टा किसी किवाड़ से अटके
इक नज़र देख लो तो काफ़ी है

'प्लीज़' कह दो तो अच्छा है
लेकिन मुस्कुराने की शर्त पक्की है
मुस्कुराहट मुआवज़ा है मेरा

मुझको इतने-से काम पे रख लो।

किस कदर सीधा-सहल

किस क़दर सीधा-सहल साफ़ है यह रस्ता देखो
न किसी शाख़ का साया है, न दीवार की टेक
न किसी आँख की आहट, न किसी चेहरे का शोर
न कोई दाग़ जहाँ बैठ के सुस्ताये कोई
दूर तक कोई नहीं, कोई नहीं, कोई नहीं

चन्द कदमों के निशाँ, हाँ, कभी मिलते हैं कहीं
साथ चलते हैं जो कुछ दूर फ़क़त चन्द कदम
और फिर टूट के गिरते हैं यह कहते हुए
अपनी तन्हाई लिये आप चलो, तन्हा, अकेले
साथ आये जो यहाँ, कोई नहीं, कोई नहीं-
किस क़दर सीधा-सहल साफ़ है यह रस्ता देखो।

कुरान हाथों में ले के

कुरान हाथों में ले के नाबीना इक नमाज़ी
लबों पे रखता था, दोनों आँखों से चूमता था
झुका के पेशानी यूँ अक़ीदत से छू रहा था
जो आयतें पढ़ नहीं सकता, उनके लम्स महसूस कर रहा हो
मैं हैराँ-हैराँ गुज़र गया था
मैं हैराँ-हैराँ ठहर गया हूँ

तुम्हारे हाथों को चूम कर, छूके अपनी आँखों से आज मैंने
जो आयतें पढ़ नहीं सका, उनके लम्स महसूस कर लिये हैं।

फ़तहपुर सीकरी

हवाएँ जालियों से जब गुज़रती हैं
तो कट जाती हैं जाली से-
हवाओं के बदन से टूट कर गिरती है जब परवाज़,
तो इक चीख़ की आवाज़ें होती हैं-

फ़तेहपुर सीकरी की जालियों से आज भी अक्सर
कटी परवाज़ की आवाज़ें आती हैं!
मुक़य्यद बादशाहों के सिसकने की सदाएँ गूँजा करती हैं-
कभी दारा, कभी शाहजहाँ की सिसकियाँ कानों में पड़ती हैं।

वक़्त-2

वक़्त की आँख पे पट्टी बाँध के, खेल रहे थे
आँख-मिचौनी-
रात और दिन और चाँद और मैं-
दूर गिरा जा कर मैं जैसे,
रौशनियों के धक्के से
परछाईं ज़मीं पर गिरती है!
ढैया छूने से पहले ही-
वक़्त ने चोर कहा और आँखें खोल के
मुझको पकड़ लिया...

खुदकुशी

बस इक लम्हे का झगड़ा था-
दरो-दीवार पे ऐसे छनाके से गिरी आवाज़ जैसे काँच गिरता है-
हर इक शै में गयीं उड़ती हुई, जलती हुई किर्चें!
नज़र में, बात में, लहजे में, सोच और साँस के अन्दर।
लहू होना था इक रिश्ते का, सो वह हो गया उस दिन-!
उसी आवाज़ के टुकड़े उठा के फ़र्श से उस शब,
किसी ने काट लीं नब्ज़ें-
न की आवाज़ तक कुछ भी,
कि कोई जाग न जाये!!

रुख़सती

जैसे झन्ना के चटख़ जाये किसी साज़ का इक तार
जैसे रेशम की किसी डोर से कट जाती है उँगली
ऐसे इक ज़रब-सी पड़ती है कहीं सीने के अन्दर
खींच कर तोड़नी पड़ जाती हैं जब तुझसे निगाहें

तेरे जाने की घड़ी, आह, बड़ी सख़्त घड़ी है।

ख़्वाब

एक ही ख़्वाब कई बार यूँ ही देखा है मैंने
तूने साड़ी में उड़स ली हैं मेरी चाबियाँ घर की
और चली आयी है बस यूँ ही मेरा हाथ पकड़ कर
घर की हर चीज़ सँभाले हुए अपनाये हुए तू

तू मेरे पास मेरे घर पे, मेरे साथ है 'सोनूँ'

मेज़ पर फूल सजाते हुए देखा है कई बार
और बिस्तर से कई बार जगाया भी है तुझको
चलते-फिरते तेरे क़दमों की वह आहट भी सुनी है

गुनगुनाती हुई निकली है गुसलख़ाने से जब भी
अपने भीगे हुए बालों से टपकता हुआ पानी
मेरे चेहरे पर छटक देती है तू सोनूँ की बच्ची

फ़र्श पर लेट गयी है तू कभी रूठ के मुझसे
और कभी फ़र्श से मुझको भी उठाया है मना कर
ताश के पत्तों पे लड़ती है कभी खेल में मुझसे
और कभी लड़ती भी ऐसे है कि बस खेल रही है
और आग़ोश में नन्हे को....

आह....यह ख़्वाब...मेरा ख़्वाब....मेरा ख़्वाब
और मालूम है? जब देखा था ये ख़्वाब तुम्हारा
अपने बिस्तर पे मैं उस वक़्त पड़ा जाग रहा था।

शहर

खोल कर बाँहों के दो उलझे हुए-से मिसरे
हौले से चूमके दो नींद से छलकी हुई पलकें
होंट से लिपटी हुई ज़ुल्फ़ को मिन्नत से हटा कर
कान पर धीमे से रख दूँगा जो आवाज़ के दो होंट
मैं जगाऊँगा तुम्हें नाम से 'सोनाँ-ओए सोनाँ! '

-और तुम धीरे से जब पलकें उठाओगी न, उस वक़्त
दूर ठहरे हुए पानी पे सहर खोलेगी आँखें
सुबह हो जायेगी तब सुबह ज़मीं पर।

आओ फिर नज़्म कहें

आओ, फिर नज़्म कहें
फिर किसी दर्द को सहलाके सुजा लें आँखें
फिर किसी दुखती हुई रग से छुआ दें नश्तर
या किसी भूली हुई राह पे मुड़ कर इक बार
नाम ले कर किसी हमनाम को आवाज़ ही दे लें
फिर कोई नज़्म कहें।

रंग-बिरंगे हसीन काग़ज़ से

रंग-बिरंगे हसीन काग़ज़ से
ख़ूबसूरत तराश कर बेलें
देवताओं के बुत जमा करके
रोज़ लोबान का धुआँ दे कर
घर को मन्दिर बनाके रखा था

जब से गुलदान में मगर तुमने
खिलते मुरझाते फूल रखे हैं
जब से शामिल किया है साँसों में
ज़िन्दगी के हसीं गुनाहों को
मन्दिर को घर बना लिया हमने।

सेल्फ पोर्ट्रेट

नाम सोचा ही न था, है कि नहीं
'अमाँ' कहके बुला लिया इक ने
'ए जी' कहके बुलाया दूजे ने
'अबे ओ' यार लोग कहते हैं
जो भी यूँ जिस किसी के जी आया
उसने वैसे ही बस पुकार लिया

तुमने इक मोड़ पर अचानक जब
मुझको 'गुलज़ार' कहके दी आवाज़
एक सीपी से खुल गया मोती
मुझको इक मानी मिल गये जैसे

आह, यह नाम ख़ूबसूरत है
फिर मुझे नाम से बुलाओ तो !

नीले-नीले-से शब के गुम्बद में

नीले-नीले से शब के गुम्बद में
तानपूरा मिला रहा है कोई

एक शफ़्फ़ाफ़ काँच का दरिया
जब खनक जाता है किनारों से
देर तक गूँजता है कानों में

पलकें झपका के देखती हैं शम'अएँ
और फ़ानूस गुनगुनाते हैं
गुनगुनाती हैं बिल्लौर की बूँदें

तेरी आवाज़ पहन रखी हैं कानों में मैंने।

इन्तज़ार

धूप की धूल को जब झाड़ के मज़दूर परिन्दे
आशियानों की तरफ़ लौट के आते हैं ज़मीं पर
और पलकों की तरह शाम उतरती है फ़लक़ से
रात आती है बुझा देती है सब रंगों के चेहरे

अपने दरवाज़े पे इक लौ का लगा देता हूँ टीका
तुम अगर लौट के आओ
तो ये दरवाज़ा न भूलो।

टुकड़ा इक नज़्म का

टुकड़ा इक नज़्म का
दिन भर मेरी साँसों में सरकता ही रहा
लब पे आया तो ज़बाँ कटने लगी
दाँत से पकड़ा तो लब छिलने लगे
ना तो फेंका ही गया मुँह से, ना निगला ही गया
काँच का टुकड़ा अटक जाये हलक़ में जैसे

टुकड़ा वो नज़्म का साँसों में सरकता ही रहा

बहुत से हाथ उतरने लगे हैं

बहुत-से हाथ उतरने लगे हैं कन्धों पर
बहुत-सी उँगलियाँ जुड़ने लगी हैं हाथों में
सलाम करते हैं वो लोग छूके माथे को
'वलाम' कहते थे जो सर की एक जुम्बिश से
हँसी की राल टपकती है लोगों के मुँह से
खुलूस-ओ-शौक़ हथेली पे रख के लाते हैं
बड़े तपाक से मिलते हैं मिलने वाले मुझे

हुई है तुझसे जो निस्बत उसी का सदक़ा है
वगरना...
'वगरना शहर में ग़ालिब की आबरू क्या है'

रात

आड़ से होके घने पेड़ों के पीछे से कभी
और कभी शहर की दीवार से लगते-छुपते
कौड़ियालों से जो बच-बचके निकल आयी है रात
हाथ में चाँद की चमकीली अठन्नी ले कर
घर से भागी है किसी मेले में जाने के लिए

जी में आता है कि बस हाथ पकड़ कर इसको
सुबह के मेले में ले जाऊँ, खिलौने ले दूँ।

हँसी की झाग उड़ाओ

हँसी की झाग उड़ाओ चमकती किरनों में
खिलेंगे रंग हसीं बुलबुलों के चेहरों पर
ये गोल-गोल बताशे उछालो झोली से
बरातियों से कहो लूटें खिलखिला के हँसें
नज़र में महके हसीं मुस्कुराहटों की झड़ी
लबों से ऊँचे हसीं क़द के क़हक़हे छूटें।

हाँ, कोई आँसू अगर आँख से उबलने लगे
ज़मीं पे फेंक के पैरों से मार दो उसको
यह ज़िन्दा बूँद है बेटी दहेज माँगेगी।

रोज़

रोज़ उठ कर चाँद टाँगा है, फ़लक़ पे रात को
रोज़ दिन की रोशनी में रात तक आया किये

हाथ भर के फ़ासले को उम्र भर चलना पड़ा।

इशारा

उड़के जाते हुए पंछी ने बस इतना ही देखा
देर तक हाथ हिलाती रही वह शोख़ फ़िज़ा में

अलविदा कहने को या पास बुलाने के लिए

मौत का क्या है...

क्या पता कब, कहाँ से मारेगी
बस, कि मैं ज़िन्दगी से डरता हूँ

मौत का क्या है, एक बार मारेगी!

रात के पेड़ पे

रात के पेड़ पे कल ही देखा था
चाँद, बस, पक के गिरने वाला था

सूरज आया था, ज़रा उसकी तलाशी लेना।

हमको ग़ालिब ने ये दुआ दी थी

हमको ग़ालिब ने ये दुआ दी थी
तुम सलामत रहो हज़ार बरस

ये बरस तो फ़क़त दिनों में गया।

आओ सारे पहन लें आईने

आओ सारे पहन लें आईने
सारे देखेंगे अपना ही चेहरा

सबको, सारे हसीं लगेंगे यहाँ!

सामने आये मेरे

सामने आये मेरे, देखा मुझे, बात भी की
मुस्कुराये भी, पुरानी किसी पहचान की ख़ातिर

कल का अख़बार था, बस देख लिया, रख भी दिया।

ज़मीं भी उसकी, ज़मीं की ये नेमतें उसकी

ज़मीं भी उसकी, ज़मीं की ये नेमतें उसकी
ये सब उसी का है, घर भी, ये घर के बन्दे भी

ख़ुदा से कहिए, कभी वो भी अपने घर आये !!

कुछ इन्तज़ार में, कुछ हिज्र, कुछ विसाल में थे

कुछ इन्तज़ार में, कुछ हिज्र, कुछ विसाल में थे
बहुत-से लोग थे कल रात चाँद कश्ती में ।

मगर सहर की किसी को भी आरजू न थी !

तब्दीली

जंगल से गुज़रते थे तो कभी बस्ती भी कहीं मिल जाती थी
अब बस्ती में कोई पेड़ नज़र आ जाये तो जी भर आता है

दीवार पे सब्ज़ा देख के अब याद आता है, पहले जंगल था।

एक से घर हैं सभी

एक-से घर हैं सभी, एक-से बाशिन्दे हैं
अजनबी शहर में, कुछ अजनबी लगता ही नहीं

एक-से दर्द हैं सब, एक-से ही रिश्ते हैं।

ऐसे बिखरे हैं रात-दिन, जैसे

ऐसे बिखरे हैं रात-दिन, जैसे
मोतियों वाला हार टूट गया

तुमने मुझको पिरो के रखा था।

लब तेरे मीर ने भी देखे हैं

लब तेरे 'मीर' ने भी देखे हैं
'पंखुड़ी इक गुलाब की-सी है'

बातें सुनते तो ग़ालिब हो जाते ।

बस दिन ढला

बस दिन ढला कि आले में इक चेहरा जल उठा
इक ताज़ा ज़ख़्म की तरह से रोशनी हुई

और जलती शम'ओं से कई क़तरे पिघल गये।

तेरे शहर पहुँच तो जाता

तेरे शहर पहुँच तो जाता
रस्ते में दरिया पड़ते हैं-!

पुल सब तूने जला दिये थे!

एक तम्बू लगा है सरकस का

एक तम्बू लगा है सरकस का
बाज़ीगर झूलते ही रहते हैं

ज़ेहन ख़ाली कभी नहीं होता।

आओ ज़बानें बाँट लें अब

आओ ज़बानें बाँट लें अब अपनी-अपनी हम
न तुम सुनोगे बात, न हम को समझना है

दो अनपढ़ों को कितनी मुहब्बत है अदब से।

लोग मेलों में भी गुम हो कर

लोग मेलों में भी गुम हो कर मिले हैं बारहा
दास्तानों के किसी दिलचस्प-से इक मोड़ पर

यूँ हमेशा के लिये भी क्या बिछड़ता है कोई!

यह सुस्त धूप अभी नीचे भी

यह सुस्त धूप अभी नीचे भी नहीं उतरी
यह सर्दियों में बहुत देर छत पे सोती है।

लिहाफ़ उम्मीद का भी कब से तार-तार हुआ।

न हम मुड़े, न कहीं रास्ता मुड़ा अपना

न हम मुड़े, न कहीं रास्ता मुड़ा अपना
नशेब आये कहीं, और कहीं फ़राज़ आये!

मैं नीचे-नीचे चला, तुम बुलन्दियों पे रहीं!

ग़ज़लें

एक परवाज़ दिखाई दी है

एक परवाज़ दिखाई दी है
तेरी आवाज़ सुनाई दी है

सिर्फ़ इक सफ़ः पलट कर उसने
सारी बातों की सफ़ाई दी है

फिर वहीं लौट के जाना होगा
यार ने कैसी रिहाई दी है

जिसकी आँखों में कटी थीं सदियाँ
उसने सदियों की जुदाई दी है

ज़िन्दगी पर भी कोई ज़ोर नहीं
दिल ने हर चीज़ परायी दी है

आग में क्या-क्या जला है शब भर
कितनी ख़ुशरंग दिखाई दी है

तिनका-तिनका काँटे तोड़े

तिनका-तिनका काँटे तोड़े, सारी रात कटाई की
क्यों इतनी लम्बी होती है, चाँदनी रात जुदाई की

नींद में कोई अपने आप से बातें करता रहता है
काल कुएँ में गूँजती है, आवाज़ किसी सौदाई की

सीने में दिल की आहट, जैसे कोई जासूस चले
हर साये का पीछा करना, आदत है हरजाई की

आँखों और कानों में कुछ सन्नाटे-से भर जाते हैं
क्या तुमने उड़ती देखी है, रेत कभी तन्हाई की

तारों की रोशन फ़सलें और चाँद की एक दराँती थी
साहू ने गिरवी रख ली थी मेरी रात कटाई की

क्यों ग़रीबों से खेलती है रात

क्यों ग़रीबों से खेलती है रात
रोज़ इक चाँद बेलती है रात

हर तरफ़ धूल-धूल उड़ती है
आसमाँ जब लपेटती है रात

आप का ज़िक्र रहता है अक्सर
जब गुज़रती है पूछती है रात

शम'अएँ सारी बुझा के जाती है
घर का मामूल जानती है रात

रंग उड़ने लगा है चेहरे से
कितनी कमज़ोर हो गयी है रात

ऐसी मद्धम-सी बोलती है रात
तेरी आवाज़ घोलती है रात

किस में रक्खी है सुबह की धड़कन
गुंचा-गुंचा टटोलती है रात

दफ़्न है चाँद किस जगह उसका
बन्द क़ब्रें फिरोलती हैं रात

आँखों में जल रहा है पे बुझता नहीं धुआँ

आँखों में जल रहा है पे बुझता नहीं धुआँ
उठता तो है घटा-सा, बरसता नहीं धुआँ

पलकों के ढाँपने से भी रुकता नहीं धुआँ
कितनी उँडेलें आँखें पे बुझता नहीं धुआँ

आँखों से आँसुओं के मरासिम पुराने हैं
मेहमाँ ये घर में आयें तो चुभता नहीं धुआँ

चूल्हे नहीं जलाये कि बस्ती ही जल गयी
कुछ रोज़ हो गये हैं अब उठता नहीं धुआँ

काली लकीरें खैंच रहा है फ़िज़ाओं में
बवरा गया है, मुँह रो क्यों खुलता नहीं धुआँ

आँखों के पोंछने से लगा आग का पता
यूँ चेहरा फेर लेने से छुपता नहीं धुआँ

चिनगारी इक अटक-सी गयी मेरे सीने में
थोड़ा-सा आके फूँक दो, उड़ता नहीं धुआँ

गुलों को सुनना ज़रा तुम, सदाएँ भेजी हैं

गुलों को सुनना ज़रा तुम, सदाएँ भेजी हैं
गुलों के हाथ बहुत-सी, दुआएँ भेजी हैं

जो आफ़ताब कभी भी ग़ुरूब होता नहीं
हमारा दिल है, इसी की शुआएँ भेजी हैं

अगर जलाये, तुम्हें भी शफ़ा मिले शायद
इक ऐसे दर्द की तुम को शुआएँ भेजी हैं

तुम्हारी ख़ुश्क-सी आँखें, भली नहीं लगतीं
वो सारी चीज़ें जो तुम को रुलायें भेजती हैं

सियाह रंग, चमकती हुई किनारी है
पहन लो अच्छी लगेंगी, घटाएँ भेजी हैं

तुम्हारे ख़्वाब से हर शब लिपट के सोते हैं
सज़ाएँ भेज दो, हमने ख़ताएँ भेजी हैं

अकेला पत्ता हवा में बहुत बुलन्द उड़ा
ज़मीं से पाँव उठाओ, हवाएँ भेजी हैं

फूलों की तरह लब खोल कभी

फूलों की तरह लब खोल कभी
ख़ुशबू की ज़बाँ में बोल कभी

अल्फ़ाज़ परखता रहता है
आवाज़ हमारी तोल कभी

अनमोल नहीं लेकिन फिर भी
पूछो तो मुफ़्त का मोल कभी

खिड़की में कटी हैं सब रातें
कुछ चौरस थीं, कुछ गोल कभी

ये दिल भी दोस्त ज़मीं की तरह
हो जाता है डाँवाडोल कभी

ख़ुशबू जैसे लोग मिले अफ़साने में

ख़ुशबू जैसे लोग मिले अफ़साने में
एक पुराना ख़त खोला अनजाने में

जाने किस का ज़िक्र है इस अफ़साने में
दर्द मज़े लेता है जो दोहराने में

शाम के साये बालिश्तों से नापे हैं
चाँद ने कितनी देर लगा दी आने में

रात गुज़रते शायद थोड़ा वक़्त लगे
धूप उँडेलो थोड़ी-सी पैमाने में

दिल पर दस्तक देने कौन आ निकला है
किसकी आहट सुनता हूँ वीराने में

हम इस मोड़ से उठ कर अगले मोड़ चले
उन को शायद उम्र लगेगी आने में

बेसबब मुस्कुरा रहा है चाँद

बेसबब मुस्कुरा रहा है चाँद
कोई साज़िश छुपा रहा है चाँद

जाने किस की गली से निकला है
झेंपा-झेंपा-सा आ रहा है चाँद

कितना ग़ाज़ा लगाया है मुँह पर
धूल-ही-धूल उड़ा रहा है चाँद

कैसे बैठा है छुप के पत्तों में
बाग़बाँ को सता रहा है चाँद

सीधा-सादा उफ़क़ से निकला था
सर पे अब चढ़ता जा रहा है चाँद

छू के देखा तो गर्म था माथा
धूप में खेलता रहा है चाँद

सारा गाँव जगा के रक्खा है
शाम से गुनगुना रहा है चाँद

दिखाई देते हैं, धुन्ध में अब भी साये कोई

दिखाई देते हैं, धुन्ध में अब भी साये कोई
मगर बुलाने से वक़्त लौटे न आये कोई

मेरे मुहल्ले का आसमाँ सूना हो गया है
पतंग उड़ाये, फ़लक़ में पेचे लड़ाये कोई

वो ज़र्द पत्ते जो पेड़ से टूट कर गिरे थे
कहाँ गये बहते पानियों में, बुलाये कोई

ज़ईफ़ बरगद के हाथ में रेशा आ गया है
जटाएँ आँखों पे गिर रही हैं, उठाये कोई

मज़ार पे खोल कर गरेबाँ, दुआएँ माँगें
जो आये अबके, तो लौट कर फिर न जाये कोई

दर्द हलका है, साँस भारी है

दर्द हल्का है, साँस भारी है
जिये जाने की रस्म जारी है

आप के बाद हर घड़ी हमने
आप के साथ ही गुज़ारी है

रात को चाँदनी तो ओढ़ा दो
दिन की चादर अभी उतारी है

शाख़ पर कोई क़हक़हा तो खिले
कैसी चुप-सी चमन में तारी है

कल का हर वाक़या तुम्हारा था
आज की दास्ताँ हमारी है

हवा के सींग न पकड़ो, खदेड़ देती है

हवा के सींग न पकड़ो, खदेड़ देती है
ज़मीं से पेड़ों के टाँके उधेड़ देती है

मैं चुप कराता हूँ हर शब उमड़ती बारिश को
मगर ये रोज़ गयी बात छेड़ देती है

ज़मीं-सा दूसरा कोई सख़ी कहाँ होगा
जरा-सा बीज उठा ले तो पेड़ देती है

रुँधे गले की दुआओं से भी नहीं खुलता
दरे-हयात, जिसे मौत भेड़ देती है

हाँ मेरे ग़म तो उठा लेता है, ग़म ख़्वार नहीं

हाँ मेरे ग़म तो उठा लेता है, ग़मख़्वार नहीं
दिल पड़ोसी है मगर मेरा तरफ़दार नहीं

जाने वालों को कहाँ रोक सका है कोई
घर में दरवाज़ा तो है, पीछे की दीवार नहीं

आप के बाद ये महसूस हुआ है हम को
जीना मुश्किल नहीं और मरना भी दुश्वार नहीं

काँच के घर हैं यहाँ सब के, बस इतना सोचें
अर्ज़ करते हैं फ़क़त, आप से तकरार नहीं

हाथ छूटें भी तो रिश्ते नहीं छोड़ा करते

हाथ छूटें भी तो रिश्ते नहीं छोड़ा करते
वक़्त की शाख़ से लम्हे नहीं तोड़ा करते

जिसकी आवाज़ में सिलवट हो, निगाहों में शिकन
ऐसी तसवीर के टुकड़े नहीं जोड़ा करते

लग के साहिल से जो बहता है उसे बहने दो
ऐसे ठहरे हुए दरया नहीं मोड़ा करते

जागने पर भी नहीं आँख से गिरतीं किरचें
इस तरह ख़्वाबों से आँखें नहीं फोड़ा करते

शहद जीने का मिला करता है थोड़ा-थोड़ा
जाने वालों के लिए दिल नहीं थोड़ा करते

जाके कोहसार से सर मारो कि आवाज़ तो हो
ख़स्ता दीवारों से माथा नहीं फोड़ा करते

मुझे अँधेरे में बेशक बिठा दिया होता

मुझे अँधेरे में बेशक बिठा दिया होता
मगर चिराग़ की सूरत जला दिया होता

न रौशनी कोई आती मेरे त'अक़ुब में
जो अपने आप को मैंने बुझा दिया होता

ये दर्द जिस्म के यारब बहुत शदीद लगे
मुझे सलीब पे दो पल सुला दिया होता

ये शुक्र है कि मेरे पास तेरा ग़म तो रहा
वगरना ज़िन्दगी ने तो रुला दिया होता

कोई ख़ामोश जख़्म लगती है

कोई ख़ामोश ज़ख़्म लगती है
ज़िन्दगी एक नज़्म लगती है

ख़ून निकले तो ज़ख़्म लगती है
वरना हर चोट नज़्म लगती है

बज़्मे-याराँ में रहता हूँ तन्हा
और तन्हाई बज़्म लगती है

अपने साये पे पाँव रखता हूँ
छाँव छालों को नर्म लगती है

चाँद की नब्ज़ देखना उठ कर
रात की साँस गर्म लगती है

जीते रहने का हुक्म है लेकिन
मरते रहने की रस्म लगती है

सारे हमशकल से खड़े हैं यहाँ

सारे हमशक्ल से खड़े हैं यहाँ
आईने-आईने, जड़े हैं यहाँ

झोंका आये तो कोई जुम्बिश हो
सूखे पत्तों से सब पड़े हैं यहाँ

मेरी नादानियाँ भी मेरी नहीं
पूछ लो उन से जो बड़े हैं यहाँ

शहर खोदा तो पियास निकली है
टूटे-फूटे-से कुछ घड़े हैं यहाँ

'पानीपत' में भी गर्द उड़ती है
कितने योद्धा थे जो लड़े हैं यहाँ

सब्र हर बार अख़्तियार किया

सब्र हर बार अख़्तियार किया
हम से होता नहीं, हज़ार किया

आदतन तुम ने कर दिये वादे
आदतन हमने ऐतबार किया

हमने अक्सर तुम्हारी राहों में
रुक के अपना ही इन्तज़ार किया

फिर न माँगेंगे ज़िन्दगी यारब
ये गुनाह हमने एक बार किया

ज़िक्र होता है जहाँ भी मेरे अफ़साने का

ज़िक्र होता है जहाँ भी मेरे अफ़साने का
एक दरवाज़ा-सा खुलता है कुतुबख़ाने का

एक सन्नाटा दबे पाँव गया हो जैसे
दिल से इक ख़ौफ़-सा गुज़रा है बिछड़ जाने का

बुलबुला फिर से चला पानी में ग़ोते खाने
न समझने का उसे वक़्त न समझाने का

मैंने अल्फ़ाज़ तो बीजों की तरह छाँट दिये
ऐसा मीठा तेरा अन्दाज़ था फ़रमाने का

किसको रोके कोई रस्ते में कहाँ बात करे
न तो आने की ख़बर है, न पता जाने का

ज़िक्र आये तो मेरे लब से दुआएँ निकलें

ज़िक्र आये तो मेरे लब से दुआएँ निकलें
शम'अ जलती है तो लाज़िम है शुआएँ निकलें

वक़्त की ज़र्ब से कट जाते हैं सब के सीने
चाँद का छिलका उतर जाये तो क़ाशें निकलें

दफ़्न हो जायें कि ज़रख़ेज़ ज़मीं लगती है
कल इसी मिट्टी से शायद मेरी शाख़ें निकलें

चन्द उम्मीदें निचोड़ी थीं तो आहें टपकीं
दिल को पिघलायें तो हो सकता है साँसें निकलें

ग़ार के मुँह पे रखा रहने दो संगे-ख़ुर्शीद
ग़ार में हाथ न डालो कहीं रातें निकलें

जब भी आँखों में आँसू भर आए

जब भी आँखों में आँसू भर आये
लोग कुछ डूबते नज़र आये

मुद्दतें हो गयीं सहर देखे
कोई आहट, कोई ख़बर आये

चाँद जितने भी गुम हुए शब के
सब के इल्ज़ाम मेरे सर आये

कुछ चिराग़ों की साँस टूट गयी
कुछ बमुश्किल दमे-सहर आये

अपना महवर बदल चुकी थी ज़मीं
हम ख़ला से जो लौट कर आये

ज़िन्दगी यूँ हुई बसर तन्हा

ज़िन्दगी यूँ हुई बसर तन्हा
काफ़िला साथ और सफ़र तन्हा

रात भर तारे बातें करते हैं
रात काटे कोई किधर तन्हा

अपने साये से चौंक जाते हैं
उम्र गुज़री है इस क़दर तन्हा

डूबने वाले पार जा उतरे
नक़्शे-पा अपने छोड़ कर तन्हा

दिन गुज़रता नहीं है लोगों में
रात होती नहीं बसर तन्हा

हमने दरवाज़े तक तो देखा था
फिर न जाने गया किधर तन्हा

सहमा-सहमा डरा-सा रहता है

सहमा-सहमा डरा-सा रहता है
जाने क्यों जी भरा-सा रहता है

काई-सी जम गयी है आँखों पर
सारा मंज़र हरा-सा रहता है

एक पल देख लूँ तो उठता हूँ
जल गया सब, ज़रा-सा रहता है

सर में जुम्बिश ख़याल की भी नहीं
ज़ानुओं पर धरा-सा रहता है

इश्क़ में और कुछ नहीं होता
आदमी बावरा सा रहता है

हर एक ग़म निचोड़ के, हर एक रस जिये

हर एक ग़म निचोड़ के, हर एक रस जिये
दो दिन की ज़िन्दगी में हज़ारों बरस जिये

सदियों पे अख़्तियार नहीं था हमारा दोस्त
दो चार लम्हे बस में थे, दो चार बस जिये

सेहरा के उस तरफ से गये सारे कारवाँ
सुन-सुन के हम तो सिर्फ सदाए जरस जिये

होंटों में ले के रात के आँचल का इक सिरा
आँखों पे रख के चाँद के होंटों का मस जिये

मेहदूद हैं दुआएँ मेरे अख़्तियार में
हर साँस हो सुकून की तू सौ बरस जिये

जब भी ये दिल उदास होता है

जब भी ये दिल उदास होता है
जाने कौन आस-पास होता है

आँखें पहचानती हैं आँखों को
दर्द चेहरा-शनास होता है

गो बरसतीं नहीं सदा आँखें!
अब्र तो बारह मास होता है

छाल पेड़ों की सख़्त है लेकिन
नीचे नाख़ून के मांस होता है

ज़ख़्म कहते हैं दिल का गहना हैं
दर्द दिल का लिबास होता है

डस ही लेता है सब को इश्क़ कभी
साँप मौक़ा-शनास होता है

सिर्फ़ उतना करम किया कीजे
आपको जितना रास होता है

शाम से आँख में नमी सी है

शाम से आँख में नमी-सी है
आज फिर आप की कमी-सी है

दफ़्न कर दो हमें कि साँस आये
नब्ज़ कुछ देर से थमी-सी है,

कौन पथरा गया है आँखों में
बर्फ़ पलकों पे क्यों जमी-सी है

वक़्त रहता नहीं कहीं टिक कर
इसकी आदत भी आदमी-सी है

आइए रास्ते अलग कर लें
ये ज़रूरत भी बाहमी-सी है

रिश्ता कोई नहीं रहा फिर भी
एक तस्लीम लाज़िमी-सी है

जाने क्यों आँख भीग जाती है
उनकी आवाज़ शबनमी-सी है

रुके-रुके से क़दम रुक के बार-बार चले

रुके-रुके-से क़दम रुक के बार-बार चले
क़रार ले के तेरे दर से बेक़रार चले

उठाये फिरते थे एहसान जिस्म का जाँ पर
चले जहाँ से तो ये पैरहन उतार चले

न जाने कौन-सी मिट्टी वतन की मिट्टी थी
नज़र में, धूल, जिगर में लिए ग़ुबार चले

सहर न आयी कई बार नींद से जागे
थी रात, रात की ये ज़िन्दगी गुज़ार चले

मिली है शम'अ से रस्मे-आशिक़ी हम को
गुनाह हाथ पे ले कर गुनहगार चल

काँच के पीछे चाँद भी था

काँच के पीछे चाँद भी था और काँच के ऊपर काई भी
तीनों थे हम, वो भी थे, और मैं भी था, तन्हाई भी

यादों की बौछारों से जब पलकें भीगने लगती हैं
सोंधी-सोंधी लगती है तब माज़ी की रुसवाई भी

दो-दो शक्लें दिखती हैं इस बहके-से आईने में
मेरे साथ चला आया है, आप का इक सौदाई भी

कितनी जल्दी मैली करता है पोशाकें, रोज़ फ़लक़
सुबह ही रात उतारी थी और शाम को शब पहनायी भी

ख़ामोशी का हासिल भी इक लम्बी-सी ख़ामोशी थी
उन की बात सुनी भी हमने, अपनी बात सुनायी भी

कल साहिल पर लेटे-लेटे, कितनी सारी बातें कीं
आप का हुंकारा न आया, चाँद ने बात करायी भी

कहीं तो गर्द उड़े, या कहीं गुबार दिखे

कहीं तो गर्द उड़े, या कहीं गुबार दिखे
कहीं से आता हुआ कोई शहसवार दिखे

ख़फ़ा थी शाख़ से शायद, कि जब हवा गुज़री
जमीं पे गिरते हुए फूल बेशुमार दिखे

रवाँ हैं फिर भी रुके हैं वहीं पे सदियों से
बड़े उदास लगे जब भी आबशार दिखे

कभी तो चौंक के देखे कोई हमारी तरफ़
किसी की आँख में हम को भी इन्तज़ार दिखे

कोई तिलस्मी सिफ़त थी जो इस हुजूम में वो
हुए जो आँख से ओझल तो बार-बार दिखे

गर्म लाशें गिर फ़सीलों से

गर्म लाशें गिरीं फ़सीलों से
आसमाँ भर गया है चीलों से

सूली चढ़ने लगी है ख़ामोशी
लोग आये हैं सुन के मीलों से

कान में ऐसे उतरी सरगोशी
बर्फ़ फिसली हो जैसे टीलों से

गूँज कर ऐसे लौटती है सदा
कोई पूछे हज़ारों मीलों से

प्यास भरती रही मेरे अन्दर
आँख हटती नहीं थी झीलों से

लोग कन्धे बदल-बदल के चले
घाट पहुँचे बड़े वसीलों से

ज़िक्र जेहलम का है, बात है दीने की

ज़िक्र जेहलम का है, बात है दीने की
चाँद पुखराज का, रात पश्मीने की

कैसे ओढ़ेगी उधड़ी हुई चाँदनी
रात कोशिश में है चाँद को सीने की

कोई ऐसा गिरा है नज़र से कि बस
हम ने सूरत न देखी फिर आईने की

दर्द में जावदानी का अहसास था
हम ने लाडों से पाली ख़लिश सीने की

मौत आती है हर रोज़ ही रू-ब-रू
ज़िन्दगी ने क़सम दी है कल जीने की

❑❑❑

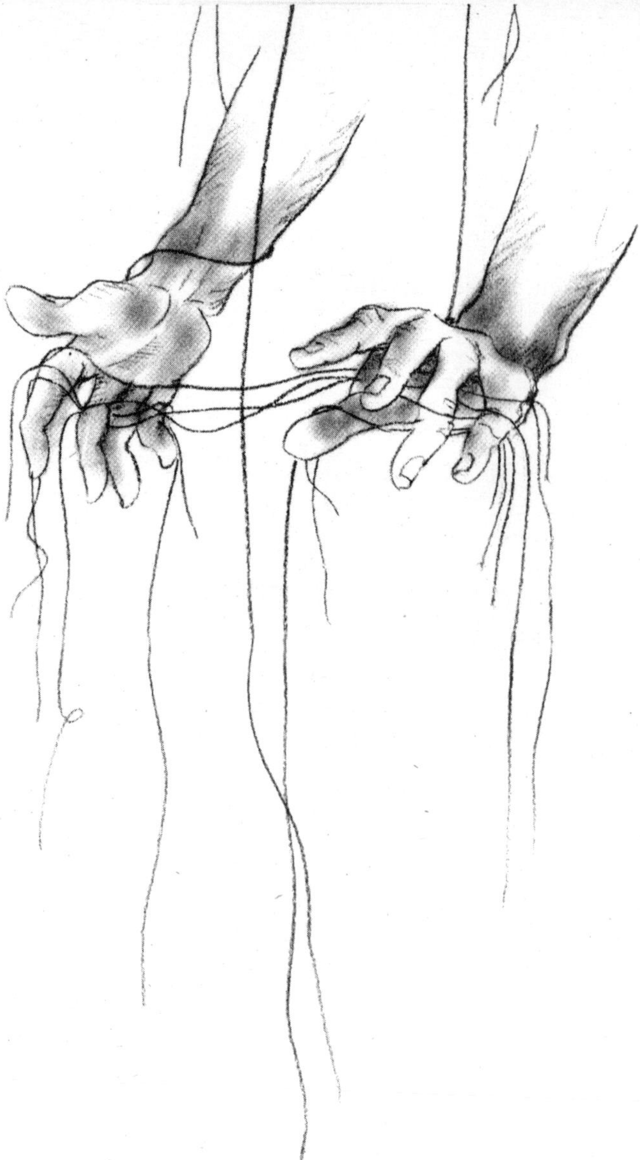